선지자적 반시대성

Prophetic Untimeliness

Copyright © 2003 by Os Guinness
Originally published in English under the title *Prophetic Untimeliness*
By Baker Books, Grand Rapids, MI, USA.

This Korean edition is translated and used by permission of Os Guinness
through Wolgemuth and Associates, Inc., Orlando, FL, USA
and rMaeng2, Seoul, Republic of Korea.

This Korean Edition Copyright © 2016 by Jireh Publishing Company,
Goyang - si, Republic of Korea

All rights reserved.

이 한국어판의 저작권은 알맹2 에이전시를 통하여 Os Guinness와 독점 계약한 이레 서원에 있습니다. 신 저작권법에 의하여 한국 내에서 보호받는 저작물이므로 무단 전재와 무단 복제를 금합니다.

선지자적 반시대성
Prophetic Untimeliness

오스 기니스 지음
김형원 옮김

**시대정신의
거센 물결에
저항하라!**

Os Guinness

이레서원

선지자적 반시대성
Prophetic Untimeliness

오스 기니스 지음
김형원 옮김

초판1쇄 인쇄	2015년 12월 27일
초판1쇄 발행	2016년 1월 5일
발행처	도서출판 이레서원
발행인	문영이
출판신고	2005년 9월 13일 제2015-000099호
편집장	최창숙
기획	이혜성
편집	송혜숙
영업	박생화
총무	곽현자

경기도 고양시 일산동구 중앙로 1160 오원플라자 703호
Tel. 02)402-3238, 406-3273 / Fax. 02)401-3387
E-mail: jireh@changjisa.com
Website: jireh.kr / Facebook: facebook.com/jirehpub

값은 표지에 있습니다.

ISBN 978-89-7435-471-8 03230

신저작권법에 의하여 한국 내에서 보호받는 저작물이므로 저작권자의 서면 허락 없이 이 책의 어떠한 부분이라도 전자적인 혹은 기계적인 형태나 방법을 포함하여 그 어떤 형태로든 무단전재와 무단복제하는 것을 금합니다.

이 도서의 국립중앙도서관 출판예정도서목록(CIP)은 서지정보유통지원시스템 홈페이지(http://seoji.nl.go.kr)와 국가자료공동목록시스템(http://www.nl.go.kr/kolisnet)에서 이용하실 수 있습니다.
(CIP제어번호 : CIP2015034843)

차 /례 /
Contents

감사의 글 8
추천사 10

서론 13

제1부 폭군으로 돌변한 도구

제1장 냉소적인 하나님의 얼굴 39
정확성
추정
압박

제2장 시간의 횡포 55
이름 붙이기의 능력
추정
역설

제2부 우리의 숨겨진 능력을 잃고

제3장 불가능한 입장　73

　　　저항은 유지될 수 없다
　　　절충은 도전적이다
　　　순응은 불충으로 귀결된다

제4장 속박에 대한 경고의 울림　103

　　　사람들의 생각과 행동에 동조
　　　인정에 대한 열망
　　　시대성의 유혹

제3부 **아르키메데스 점을 회복하라**

제5장 신실함의 대가　123

　　어긋난 세계에 대한 부적응
　　초조함
　　실패감

제6장 문화적 속박에서 벗어남　145

　　유행을 따르지 않는 의식
　　역사의 산뜻한 바닷바람
　　영원에 대한 관심

결론　173

더 읽을거리　186

| 감사의 글 |

이 작은 책은 스탠 맷슨Stan Mattson과 C. S. 루이스 재단에 감사하는 마음으로 집필했다. 그들이 옥스브리지 2002에 나를 초청함으로써 이 책이 태동하게 되었다.

리처드 킹 브라운Richard King Brown, 에릭 메탁사스Eric Metaxas, 데이비드와 수지 영David and Suzy Young, 조지와 루시 마스든George and Lucy Marsden, 니젤과 질리 굿윈Nigel and Gillie Goodwin, 노만 스톤Norman Stone, 레이날드 매콜리Ranald Macaulay, 그레고리와 프레드리카 매튜스-그린Gregory and Frederica Mathews-Green, 메리 엘리자베스 워렌Mary Elizabeth Warren, 숀 플런켓Shawn Plunkett, 그리고 그 한 주간을 매우 즐겁고 격려가 되는 시간으로 만들어 주었던 많은 친구에게 감사한다.

편집자로서의 재능이 이제 나의 세계에서는 전설이 되어 버린 에이미 바우처 파이Amy Boucher Pye에게도 감사를 전한다. 또한 때로 어떤 생각들을 머릿속에서 제대로 정리하지 못하여 쩔쩔매던 나에게 귀중한 사랑과 지원을 아끼지 않은 제니Jenny와 씨제이CJ에게도 감사드린다.

| 추천사 |

 매우 통찰력이 뛰어나고 도전적인 책이며, 기독교 문화의 몇 가지 흐름에 도전을 하면서 재고하고 재발견하도록 우리를 초청하는 책이다. 강력히 추천한다.
알리스터 맥그래스 옥스퍼드 대학 석좌교수

 『선지자적 반시대성』은 시기적절한 경고를 준다. 믿음을 오늘날의 방식으로 옷을 입히려고 아무리 노력해도 내일이면 분명히 구식이 되어 버리고 말 것이다. 오직 영원한 것만이 모든 시대와 문화에 다가갈 수 있다.
프레드리카 매튜스-그린 작가

 오스 기니스는 예언자이다. 그에게는 시대의 숨겨진 질병을 꿰뚫어 보는 혜안이 있다. 또한 그는 학자이다. 시대의 질병을 진단하고 처방하기 위해 그는 폭넓게 독서하고 치열하게 연구한다. 게다가 그는 훌륭한 작가이기도 하다.

명징한 언어와 치밀한 논리 그리고 허를 찌르는 유머로 독자의 마음을 사로잡는다. 이 책에서 저자는 적합성을 추구한 끝에 적합하지 않게 된 오늘의 기독교 복음의 현실을 뼈아프게 드러내고, 복음의 전복성을 회복하는 길을 제시한다. 길을 잃은 한국 교회에 꼭 필요한 예언적 음성이다.

김영봉 목사 와싱톤한인교회 담임

니체와 C. S. 루이스를 휙휙 넘나드는 오스 기니스의 통찰에 감탄할 따름이다. 세태에 부합하려고 애쓸수록 오히려 부적합해져 가는 교회를 향해 저자는 적합성에 신실함을 갖추라고 부르짖는다. 이 책은 니체의 『반시대적 고찰』을 넘어 루이스가 말한 "저항적 사고"를 훈련시켜 줄 지혜의 보고이다.

신국원 교수 총신대 신학과

 Prophetic Untimeliness

| 서론 |

한번은 윈스턴 처칠Winston Churchill이 캐나다에 있는 한 대학에서 강연을 해 달라는 초청을 받았다. 그 강연은 오전에 있었지만, 초청자는 이 위대한 사람이 위스키를 즐긴다는 것을 알고 그에게 하자 권했다. 그가 보통 습관적으로 마시는 시간보다는 조금 일렀지만, 처칠은 위스키를 좋아했기 때문에 그냥 받아 마셨다. 웨이트리스가 강연장에 있는 사람들 사이로 다니면서 위스키를 접대하였는데, 처칠이 몇 잔 받아 마시자 다른 사람들도 모두 받아 마셨다. 그러다가 마지막에 그 지역의 주교 앞에 이르게 되었다.

그 주교는 몸을 꼿꼿이 세우고서 딱딱한 어조로 말

했다. "위스키를 마시느니 차라리 간음을 행하겠소."

그 말에 처칠은 웨이트리스에게 놀리는 투로 이렇게 말했다. "얘야, 이리 돌아오렴. 나는 우리에게 선택권이 있었다는 것을 몰랐구나."

지난 세대의 그리스도인 리더들이 한 공적인 언급은 너무나 자주 이 주교의 말과 유사하다. 즉 진지하고 좋은 의도를 가지기는 했지만 불쌍하게도 우스꽝스럽고, 어리석어 보이며, 무력하다. 의심 많은 회의론자들은 이렇게 말한다. "누가 하나님을 위해 말하는가?" 그러나 신자들은 비슷한 느낌으로 이렇게 말한다. "누가 우리를 위해 말하는가?" 어떤 사람을 웃게 하지 못한 말이 어떤 사람은 울게 하며, 어떤 사람을 울게 하지 못한 말이 어떤 사람은 화나게 한다.

이사야와 예레미야, 그리고 모든 선지자적 전통이 직면한 도덕적 압력보다 더 심각한 것은 없을 것이다. 조지 휫필드George Whitefield와 빌리 그레이엄Billy Graham이 선포한, 심장을 멎게 하는 복음의 적절성의 경이로움도, 또는 아우구스티누스St. Augustine의 저작물과 같은 곳에 나타나는 성경적인 신앙으로 조미된 역사의 비전에 대한 솟구치는 지혜도 말이다.

진지하기는 하지만 그만큼 얼빠진 것이기도 한 최근의 기독교 지도자들의 언급을 인용하고 싶은 유혹이 든다. 예는 차고도 넘친다. 텔레비전 복음 전도자에서부터 교회 성장 컨설턴트와 주교와 신학자에 이르기까지, 교회 옆과 고속도로에 걸려 있는 광고판의 문구는 물론, 개신교와 가톨릭, 주류 교단과 복음주의, 엘리트와 순진한 사람들에 이르기까지 기독교 전통의 모든 영역에서 그 예를 발견할 수 있다.

2001년 9월 11일 세계무역센터와 펜타곤을 테러리스트가 공격한 것에 대한 반응이 그 예를 충분히 잘 보여 준다. 그 모든 것 중에서 가장 끔찍했던 것은 두 명의 복음 전도자가 방송에 나와 나눈 대화였다. 그들은 그 공격이 미국인들이 최근에 저지른 악한 행위들에 대한 하나님의 심판이라고 주장했다. 그들의 주장은 평이했으며, 신선하게 들리는 정치적인 수사법도 아니었고, 고대 히브리 선지자들의 3세기에 걸친 격동을 아는 자들에게는 신학적으로도 타당성을 인정받을 만한 언급이었다. '하나님 아래'Under God는 성경적인 용어가 아니다.

의심할 것 없이, 하나님께서는 어떤 행위에 대해 심판하시고 벌을 내리신다.

그러한 언급에 바로 이어서, 전혀 선지자적이지 않은 모습으로, 전도자 중 한 사람이 궁색한 변명을 하며 그 언급의 무게와 진위를 제대로 평가하기도 전에 그 말을 철회하였다. 변명과 공적인 취소는 "이것은 여호와의 말씀이니라"는 말로 시작했던 성경 속 선지자들의 선포의 특징과는 전혀 달랐다. 그러나 그 선지자들은 여호와께로부터 직접 파송받은 자들이며 '누구도 두려워하지 않는 사람들'이었기 때문에 그들의 말은 불과 같았다. 그들은 자신들이 선포한 것에 대하여 도덕적으로 책임지는 영웅이었다. 비록 대가를 치르더라도 말이다.

안타깝게도 교회 역사상 오늘날처럼 교회의 지도자들이 공적인 자리에서 약하고, 진부하고, 어리석고, 비참하고, 심지어는 불성실한 방식으로 자신의 신앙을 근엄하게 제시한 적이 없었다. 이 지도자들은 내가 아는 대부분의 일반 그리스도인들을 대변해서 말하지 않는다. 나는 언론과 미디어가 진지한 입장을 대변하기보다는 고정관념을 확인하기 위해서 그들을 초청하는 것이 아닌가 하는 의심이 들기도 하는데, 그 결과는 신앙을 온 마음과 뜻을 다하여 붙들고 있는 사람들에게 계속해서 거듭되는 분노나 슬픔을 줄 뿐이다.

그러나 죽은 말에게 매질을 할 시간은 아니다. 우리가 해야 할 일은 자학적인 어리석음이 어떻게 생겨났는지 살펴보는 것뿐만 아니라, 하나님의 말씀에 굶주린 이 시대에 어떻게 더 나은 일을 할 수 있는지 알아보는 것이다. 이 책의 진정한 목표는 개혁과 부흥의 중심에 자리 잡은 이러한 실제적이고 건설적인 결과를 내는 것이다.

그런데 이 문제를 탐구하는 자들 앞에 당혹스러운 사실이 놓여 있다. 이렇게 이치구니없고 파괴적인 경솔함이, 교회를 사로잡고 있는 적합성과 재창조에 대한 열광과 정확히 일치한다는 점이다. 그래서 매우 혼란스러운 질문이 제기된다. 우리 그리스도인들이 적합성

> 우리 그리스도인들이 적합성을 위해서 그렇게 노력하고 있는 이때에 도대체 왜 이렇게 적합성이 없게 되었는가?

을 위해서 그렇게 노력하고 있는 이때에 도대체 왜 이렇게 적합성이 없게 되었는가? 어느 한쪽으로 가려고

> 그리스도인들이 지금보다 더 열심히 적합성을 추구한 적이 없었다. 그러나 이때보다 더 부적합한 때도 없었다.

단호하게 방향을 잡았는데 완전히 정반대에 도달하게 하는 어떤 법칙이나 논리가 있는 것일까?

이것이 바로 서구 기독교 세계의 의식 있는 지도자들이 당면한 숙명이다. 신앙과 교회를 재창조하고 세상에 더욱 적합한 모습이 되기 위해 200년 동안 진지하게 헌신한 후에 우리는 당혹스러운 사실 앞에 서게 되었다. 그리스도인들이 지금보다 더 열심히 적합성을 추구한 적이 없었다. 그러나 이때보다 더 부적합한 때도 없었다.

적합성 그 자체는 문제가 없다

처음부터 문제를 분명하게 보도록 하자. 적합성 그 자체가 문제가 되는 것은 아니다. 적합성Relevance을 제대로 이해한다면 – 어떤 현안의 상관관계를 꿰뚫어 보고 판단하는 능력 – 자신과 삶을 예수 그리스도의 복음으로 규정하는 우리야말로 모든 사람 중에서 가장 적합성 있는 자들이 되어야 한다. 우리가 해야 할 것이 무엇인지 알고서 우리는 '시대를 분별하는 능력을 가진' 다윗 왕과 같은 사람이 되어야 한다. 예레미야 선지자가 '자기의 때를 놓친 왕'으로 치부한 예레미야 시대의 바로와 같은 자가 되어서는 안 된다.

우리에게 주어진 도전적인 과제는 '자기 시대에 하나님의 목적을 따라 섬긴' 다윗과 같은 자가 되는 것이다. '시간', '세대', '때', '시대'에 대한 독특한 성경적인 관점으로 형성되고 인도받아야 하며, 이와 대조되는 동양적이고 세속적인 견해와 분명한 거리를 두어야 한다. 예수가 때를 놓친 예루살렘을 보며 우셨던 것처럼 우리 세대를 향해 다시 우시는 일이 생기지 않기를 하나님께서는 원하신다.

진정으로 적합성은 예수 복음의 중심에 있으며 역사를 관통하여 흐르는 교회 능력의 비밀이다. 세계의 위대한 사상가, 저술가, 과학자, 시인, 화가, 그리고 개혁가들 - 아우구스티누스, 단테Dante, 파스칼Pascal, 렘브란트Rembrandt, 뉴턴Newton, 윌버포스Wilberforce, 도스토옙스키Dostoyevsky - 의 증언을 살펴보라. 이들은 모두 그리스도에게 신실했을 뿐만 아니라 당대에도 신선한 영향력을 끼쳤다.

복음은 좋은 소식이다. 실제로 '역사상 최고의 소식'인데, 이는 그것이 인간의 상황에 대해 그 무엇이 해 온 것, 하는 것, 또는 할 수 있는 것보다도 - 세대와 세대를 넘어서, 문화와 문화를 넘어서, 그리고 삶과 삶을 넘어서 - 더욱 적절하게, 적합하게, 그리고 효과적으로 설명하기 때문이다. 기독교 신앙이 진정으로 세계에서 첫 번째로 보편적인 종교이고, 세계의 많은 지역에서 가장 빠르게 성장하는 종교이며, 기독교 교회가 모든 대륙과 모든 기후와 모든 삶의 조건과 현상을 통틀어 지구상에서 가장 다양한 사회라는 것은 별로 놀랄 만한 일이 아니다. 물론 어떤 기독교인들은 복음을 여러 방식으로 축소시키고 왜곡하면서 부적합하게 만들기도 한다. 그러나 예수의 좋은 소식 그 자체는 완전히 적합하며, 그렇지 않다면 그것은 그들이 주장하는 대로 좋은 소식이 아니다.

> 그러나 예수의 좋은 소식 그 자체는 완전히 적합하며, 그렇지 않다면 그것은 그들이 주장하는 대로 좋은 소식이 아니다.

그러므로 이 질문에 대해 누구도 오해하거나 잘못 말하지 않도록 해야 한다. 부적합, 단순한 반응, 또한 시대에 뒤처지는 것에는 그 어떤 장점도 없다. 예수를 따르는 우리는 언제나 적합성이 있어야 하는데, 그 이유는 우리가 만나는 모든 새로운 사람과 모든 상황 가운데 언제나 예수를 소개해 주어야 하기 때문이다. 시대가 흘러감에 따라 새 포도주는 수많은 새 부대와 끝없는 창조성과 혁신을 요구한다. 이 책의 3부에서는 구체적으로 그러한 적합성을 어떻게 성취할 수 있는지를 다룰 것이다.

물론 위험 부담이 크다. 서구 교회의 안타까운 부적합성은 우리 세계와 역사적 상황 때문에 아주 선명하게 드러나고 말았다. 더 나아진 것이든지 그렇지 않든지 간에, 서구 문명은 현대 세계에서 가장 강력한 문명이며, 기독교 신앙은 서구를 서구 되게 한 유일하고도 강력한 사상 체계이다. 그러나 엘리트나 평범한 사람들 모두의 차원에서, 그리고 기독교 공동체의 모든 전통 사이에서, 교회는 매우 중요한 이 순간에 서구의 여러 문제에 대해 아무 영향도 주지 못했다. 왜냐하면 오늘날 서구에 의해 촉발된 세계화의 세력이 다른 문명들(중국, 인도, 그리고 이슬람과 같은)에 생명을 불어넣는 자극을 줌과 동시에 서구 자체에서는 그 신앙의 권위를 손상시키고 있기 때문이다.

이러한 거대한 부적합성은 어떻게 생겨났는가? 단순한 우연인가? 아니면 다른 이유들은 책임을 전가하려는 것에 불과하고, 단지 우리는 불행하게도 역사의 잘못된 시점에 놓였을 뿐이며, 아무리 적합성을 시도해도 쇠퇴하는 문명 속에서 우리를 적합하게 만들지 못하는 시대를 살고 있는 것인가? 혹은 우리가 사전에 예견했어야 했던 더 심층적인 연관성 - 우리의 부적합성과 적합성을 추구하려는 노력 사이의 평이하고 단순한 연결고리 - 이 있는 것인가?

분명히 이유는 있다. 그 부분은 다른 사람들과 다른 곳에서 논의하였다. 이 짧은 책에서는 특별히 후자의 아이러니를 지적하려고 한다.

적합성에 대한 무비판적인 추구로 우리는 실제로 부적합성을 자초하고 말았으며, 적합성에 반드시 필요한 신실함을 전혀 고려하지 않고 적합성만을 숨 막힐 정도로 따라갔다가 결국 신실하지도 못할 뿐만 아니라 부적합하게 되었다. 그리스도에게 충성스러운 것보다 현대 세계에 더 매력적으로 보이는 방식으로 우리 자신을 새롭게 규정짓기 위해 치열하게 노력했으나 정체성은 물론 우리의 권위와 적합성까지 상실해 버렸다. 우리에게는 적합성과 신실함이 몹시도 필요하다.

> 우리에게는 적합성과 신실함이 몹시도 필요하다.

내 관심은 비판적이기보다는 건설적이다. 이 시대는 단순히 문세를 지적하는 것이 아니라 역동적이고 실제적인 응답을 구현해 주기를 원한다. 세상이 그러한 응답을 필요로 할 때 복음은 그 응답을 줄 수 있으며 동시에 그 응답을 요구하기도 한다. 그러므로 역사의 이 특별한 순간에 살고 있는 예수 그리스도의 제자들은 적합성의 우상에 도전하고, 적합함과 신실함이 어떤 의미인지를 보여 주며, 그래서 시류에 영합하거나 천박하고 불충한 모습이 아니라 진실로 적합하게 되어야 한다.

정보의존형 인간은 바보이다

당신은 적합함을 추구하는 것이 왜 잘못되었는가 하고 물을지도 모른다. 자주 그래왔듯이, 우리의 사고에 영향을 주는 세력은 오래전부터 존재해 왔고, 현대 세계가 기괴한 왜곡의 지점에까지 이르도록 강화시켜 왔다. 여기서 내가 말하는 것은 시간에 대한 이해, 특히 과거, 현재, 그리고 미래에 대한 우리의 태도이다. 이러한 시간의 세 가지 측면은 세 폭짜리 그림의 세 개의 판처럼 확실하게 서로 연결되어 있다. 시인 테니슨Tennyson의 표현대로, "오늘은 어제의 내일이며 내일의 어제이다."

그러나 그 각각에 대한 우리의 지식은 다르다. 전통적인 지혜에 의하면, 과거는 이해하기 쉽고 시간에서 가장 중요한 부분이며, 현재는 이해하기 어려우며, 미래는 이해하는 것이 거의 불가능하다. 그러나 현대 세계의 영향을 받아 우리는 이러한 지혜를 뒤엎어 버렸다. 대개 과거의 중요성을 무시하고, 현재에 대한 우리의 지식을 과장하며, 또한 실제로는 그렇게 할 수 없는데도 미래를 정확하게 말할 수 있다고 생각한다.

우리가 현재를 왜곡하는 경우를 한번 생각해 보자. 프랑스 정치 이론가인 레이몽 아롱Raymond Aron은 지극히 소수의 사람만이 자기와 동시대의 인물이라고 말한 적이 있다. 거의 모든 시대의 대부분의 사람은 자신들의 시대를 단순히 따라가는 것을 행복해한다. 우리 시대의 중요성은 우리에게 천천히 나타나기 시작하며,

> 거의 모든 시대의 대부분의 사람은 자신들의 시대를 단순히 따라가는 것을 행복해한다.

대개 발견되기보다는 전달되는데, 그것도 다른 사람들을 통해서 전달된다. 시인 사무엘 테일러 콜러리지Samuel Taylor Coleridge는 19세기에 이와 유사한 글을 썼다. "대부분의 인간은 서양 무렵의 박쥐처럼 사는데, 자신의 시대의 철학을 반향과 굴절을 통해서 알고 느낀다."

스위스의 위대한 역사가인 야코프 부르크하르트Jacob Burckhardt는 『세계사적 성찰』Reflections on History, 신서원에서 우리는 "우리가 살고 있는 곳의 청각적 환상"을 절대로 잊어서는 안 된다고 경고하였다. 한편 지식과 의견 사이에는 거대한 간격이 존재하는데, 우리 시대는 지식은 부족하고 의견(그리고 통계와 여론조사 숭배)만 넘쳐나는

시대이다. 또 다른 한편으로, 우리는 스스로에게서 '지식의 가장 무서운 적'-이 시대와 성격에 대한 자신의 견해-을 제거할 수 없다. 부르크하르트가 언급했듯이, "이에 대한 가장 명백한 증거는 이것이다. 역사가 우리의 세기와 우리의 가치 있는 자아로 다가올 때 우리는 모든 것이 더욱 '흥미롭다'는 것을 발견한다. 그러나 실상보다 '흥미로운' 것은 우리 자신이다."

로마의 철학자 세네카Seneca는 "사람은 거울을, 자신을 알기 위해서 발명했다"고 했다. 그러나 간단히 말하자면, 역사가인 아놀드 토인비Arnold Toynbee가 언급한 대로, 현재를 이해하려는 사람은 마치 자신의 코를 거울에 대고 누르면서 자신의 몸 전체를 보려고 하는 사람과 같다.

현대 삶의 역설은, 그것이 우리의 문제를 해결해 주는 듯하지만 실제로는 더 악화시킨다는 점이다. 한편 현대의 통신수단은 '즉각적인 완전 정보'instant total information 또는 '완전 정보의 인식'total information awareness을 제공한다. 현재 우리는 중요한 모든 것을 접하는 일이 가능해졌으며, 이와 같은 이유로 이전보다 훨씬 더 적합할 수 있게 되었다. 그러나 또 다른 한편으로는, 즉 각적이고 완전한 정보는 인플레이션을 초래한다. 어떤 것이 점점 더 많이 제공되면 그 가치는 점점 더 떨어진다. 그 결과 우리는 역사가 다니엘 부어스틴Daniel Boorstin이 "정보의존형 인간"이라고 명명한 것을 생산하고 있다. 그러나 그는 신랄하게 덧붙였다. "정보의존형 인간은 바보이다."

현재에 대한 우리의 이해를 과장하는 것은 문제의 시작일 뿐이다. 미래에 대한 우리의 이해의 왜곡은 더욱 안 좋은데, 최소한 그것이 현재의 우리 태도를 형성하기 때문이다. 그러나 이것은 원래의 질문을 더 주의 깊게 돌아보게 해 준다. 넘쳐나는 전문 지식과 수치에만 익숙한 것이 아니라 지혜롭고 이해력이 있으려면 어떻게 해야 하는가? 어떻게 시류를 좇지 않으면서 항상 적합성을 확보할 수 있는가? 어떻게 우리 자신을 새롭게, 바른 방식으로 규정지을 수 있는가? 의사소통 방법이 매우 뛰어난 현대 세계는 문제를 쉽게 하는 것이 아

> 어떻게 시류를 좇지 않으면서 항상 적합성을 확보할 수 있는가? 어떻게 우리 자신을 새롭게, 바른 방식으로 규정지을 수 있는가?

니라 오히려 더욱 어렵게 한다. 그러므로 우리는 현대적 방식으로 처음의 도전에 다시 직면해야 한다.

이 시대에 예수의 제자들이 당면한 긴급한 과제는 진정으로 적합하게 되는 것이다. 1세기, 4세기, 12세기, 16세기, 그리고 19세기의 교회들은 여러 측면에서 위대한 모습을 보여 주었다. 그러나 우리는 그때의 그리스도인들이 아니다. 지속적으로 스스로를 복음으로 규정하고 예수 그리스도에게 신실한 자로 남아 있어야 하는 21세기 그리스도인들이다. 오직 그럴 때에만 우리는 진정으로 적합하게 될 것이다.

그러므로 적합성과 재창조에 대한 현대의 약속을 점검할 필요가 있다. 그것은 진정으로 좋은 소식에 굶주려 있는 혼란스럽고, 지치고, 파괴된 세상에 그 소식을 전할 수단인가, 아니면 위험을 무릅쓰고 우리 진영 안에 들여놓은 트로이의 목마인가?

저항을 통한 진보

나는 그 대답이 반시대성의 시대성timeliness of untimeliness을 깨닫는 것이라고 제안하는 바이다. '선지자적 반시대성'의 용기를 회복하고, '저항적 사고'의 기술을 발전시켜서, 현시대의 매혹적인 유혹과 미래에 대한 집착에도 불구하고 '반시대적 인간'이 되는 용기를 가진 예수의 제자가 되는 것이다. '선지자적 반시대성'은 철학자 프리드리히 니체Friedrich Nietzsche에게서 차용한 용어이지만 독일의 성상 파괴자가 아니라 히브리 선지자들의 선례에서 그 모습을 드러낸다. 니체는 독립적인 사상가는 항상 자신의 세대의 관습적인 지혜로부터 한 발짝 물러나 있어야 한다고 생각하였다. 유행과 순응의 덫에 걸려 버린 오늘날의 사상가들과는 달리 히브리 선지자들은 내일과 모레의 사상가인 것이다.

> 니체는 두려적이 사상가는 항상 자신의 세대의 관습적인 지혜로부터 한 발짝 물러나 있어야 한다고 생각하였다.

니체는 『반시대적 성찰』*Untimely Meditations*에서 "그들은 반시대적 인간이며 그들의 집은 이 세대가 아니라 다른 곳에 있다"라고 기록했다. 그들은 상이한 관점과 헌신에서 비롯된 가장 위대한 분별력과 가장 지속적인 비전을 소유하고 있었던 것이다. 물론 니체와는 달리 히브리 선지자들의 독립적인 사고의 정점은 개인의 천재성이나 사회적 완고함이 아니라 '주님의 말씀'이었다.

'저항적 사고'라는 용어는 C. S. 루이스C. S. Lewis가 1945년에 저술한 『기독교 변증학』Christian Apologetics에서 따온 용어이다. 이 사고는 한편으로 적합성을 추구하는 것과 다른 한편으로 현세대와 잘 맞지 않는 기독교 메시지의 요소들에 대한 집요한 인식 사이의 균형을 이루는 사고방식이다. 복음과 우리 시대정신 간의 자연스러운 융합만을 강조하면, 복음보다는 우리 시대로 더 기울어진, 쉽고 편안한 복음을 갖게 된다. 예를 들면, 인간의 열망에 대해서는 모든 해답을 제시하려고 하는 반면에 자기 부인과 희생은 전혀 언급하지 않는 것이다.

그러나 복음 안에 있는 어렵고 모호하고 불쾌한 주제들도 적합성이 있다고 확신하면서 (어떻게 그런지는 잘 모르지만) 그것들을 강조하면, 우리는 온전한 복음에 충실한 자로 남는다. 그리고 놀랍게도 우리는 이 세대뿐만 아니라 다음 세대, 그다음 세대, 그리고 또 그다음 세대에게까지도 적합하게 될 것이다. C. S. 루이스는 이와 동일한 원리가 신앙과 과학 양자에도 해당된다는 점을 관찰했다. "진보는 저항하는 요소에 의해 이루어진다." 그렇다면 저항적 사고는 신실함을 동반하는 적합성을 위한 길이다.

> 진보는 저항하는 요소에 의해 이루어진다.

안타깝게도 이 본문에서 가장 불편함을 주는 단어는 '선지자적'이다. "선지자는 오늘날의 문젯거리이며, 아마 모든 시대의 문젯거리이기도 할 것이다. 왜냐하면 참 선지자와 거짓 선지자를 분간하는 것은 불가능하기 때문이다." 유대인 작가 프리모 개비Primo Levi의 말이다. "비록 나 자신이 선지자 전통 출신이지만 나는 선지자를 믿지 않는다." 의심할 바 없이, 우리는 거짓 선지자를 조심해야 한다. 거짓 선지자들의 명단은 매우 긴 반면에 진짜의 목록은 무척 짧다. 많은 기독교 진영에서 '선지자적'이라는 말은 제어할 수 없는 은사주의자들이나 기존 질서에 대한 좌익적이고 급진적인 비판가를 지칭하는 표현이다.

그러나 주님의 말씀을 전하는 자로서의 선지자의 직무는 가짜가 판친다고 해서 포기하기에는 너무나 중요하다. 우리는 대문자 P의 '선지자'Prophets와 소문자 p의 '선지자'prophets를 구별할 수 있을 것이다. 전자는 이사야와 예레미야처럼 하나님으로부터 직접 명백하고 초자연적인 말씀을 듣고서 "이것이 주의 말씀이다"라고 정당하게 선포하는 사람들이다. 후자는 자신들의 삶과 시대를 성경적인 관점에서 해석하여, 그 결과로 크고 작은 기술을 가지고 시대의 징조를 읽지만 "이것이 주의 말씀이다"라고 말할 권위도 없고 무오성도 주장할 수 없는 사람들이다.

이와 같은 후자의 온건한 의미에서 우리는 선지자로 부르심 받았다. 단순히 아는 것뿐만 아니라 무엇을 해야 하는지에 관심을 두고 신앙의 관점과 영원의 측면에서 사건을 해석해야 한다. 이렇게 할 때 틀릴 수도 있으므로 언제나 교정받을 준비가 되어 있어야 한다. 그러나 사건을 하나님 앞에서 본 그대로 제시할 권리와 의무가 있다.

그렇다면 현대 세계에서 우리가 직면한 더 깊은 분

별의 문제는 무엇인가? 간단하게 언급하면 다음과 같다. 적합성에 대한 지금 우리의 견해는 미래에 대한 현대적 현혹으로 심하게 왜곡되었으며, 그것은 그 자체로 현대 세계의 중심에 자리 잡고 있는 시간 문화의 탕자이다. 자신이 그 안에서 수영하는데도 그 물을 전혀 인식하지 못하는 물고기처럼, 우리도 시간에 대한 현대적 관점을 자연스럽고 자증적인 것으로 간주한다. 그러나 그렇지 않다. 이는 매우 이례적이다. 부분적으로 도움이 되지만 부분적으로는 해롭다. 그러므로 더욱 넓은 관점에서 상황을 보기 위해서 한 발짝 물러날 필요가 있으며, 그래서 무엇이 인간적이고 좋은 것이며, 무엇이 그렇지 않은지를 평가해야 한다.

> 적합성에 대한 지금 우리의 견해는 미래에 대한 현대적 현혹으로 심하게 왜곡되어 있다.

이 책 1부에서는 현대 시간 문화의 특성을 탐구하면서, 그것이 어떻게 생겨났으며 현대인의 삶을 어떻게 형성했는지를 살펴볼 것이다. 2부에서는 현대 시간 문화가 교회와 교인들의 사고에 미치는 영향을 좀 더 깊이 들여다볼 것이며, 특히 그것이 현재 많은 그리스도인의 적합성에 대한 열풍을 어떻게 형성했는지 살펴볼 것이다. 3부에서는 이러한 왜곡에 결연히 저항하기 위해서는 무엇이 필요하며, 신실하려고 할 때 치러야 할 대가는 무엇인지 알아볼 것이다.

시대에 맞는 반시대성

당신은 시간에 대한 현대 견해의 편협함을 진정으로 피할 수 있으며, 오늘날 세계의 면전에서 기독교적인 신실함뿐만 아니라 인간적인 신실함의 중요성까지 거듭해서 주장할 수 있는가? 바로 이곳이 현재 우리 기독교의 부적합성과 변방성이 우리에게 유리하게 작용하는 지점이다. 우리는 현재의 기존 질서 안에서 이해관계가 없으며, 그래서 거리낌 없이 사고하고 행동할 수 있다. 그렇다면 신앙이 역사와 사회 외부에 아르키메데스 점을 제공한다는 사실의 덕택으로, 우리가 현대 세계의 권력 중심이 아닌 변방에 있다는 것이 우리를 약화시키기보다는 오히려 힘을 더 부여해 줄 수 있다.

그러므로 예수의 제자들인 우리는 1세기 전에 서구 세계 전체에 걸쳐서 공인된 주류였을 때보다 오늘날 이러한 중요한 저항운동을 수행하기에 더 좋은 위치에 있다.

그러나 딜레마에 처해 있다. 우리의 시대성timeliness이 현대의 시대성을 거부하는 반시대성 untimeliness에 있는 것이다. 우리의 때와 시간에 대한 관점은 현대 세계의 거짓 모델로부터 벗어나 오직 하나님 아래에 있는 진정한 때와 진정한 시간에 대한 관점으로 돌아서야 한다. 그러나 전망의 증가가 압력도 증가시킨다는 점을 인식해야 한다. 앞으로 살펴보겠지만, 신실함을 동반한 적합성은 상당한 대가를 요구한다. 그러나 그 값을 치를 준비가 된 자들은 진정한 적합성이라는 상을 얻는다.

> 우리의 시대성(timeliness)이 현대의 시대성을 거부하는 반시대성(untimeliness)에 있는 것이다.

소설 『인도의 빛』*In Light of India*에서 옥타비오 파스Octavio Paz는 이렇게 기록했다. "나는 우리의 문명 개혁이 시간에 대한 성찰로부터 시작해야 한다고 믿는다." 21세기 초엽 서구의 교회에도 이는 그대로 적용되며,

이 책은 그러한 개혁을 자신의 지대한 관심과 소망으로 간직하고 있는 자들을 위해 쓰였다.

제1부
폭군으로 돌변한 도구

Os Guinness
Prophetic Untimeliness

01
냉소적인 하나님의 얼굴

현재 세계의 문화 충돌은 서구에 살고 있는 우리가 전에는 해 보지 못했던 방식으로 자신을 볼 수 있는 이상 식인 기회를 제공한다. 예를 들어, 9월 11일 테러리스트 공격 이후 한 달은 서구와 이슬람의 관계가 충돌의 길로 들어서는 것 같았다. 여러 날짜가 대중의 인식의 화면에 떠올랐다. 732년 이슬람의 기세가 거의 파리 성문에까지 이르렀던 투르 푸아티에 전투, 1492년 스페인 무어인들의 패배, 1683년 9월 11일 마지막 이슬람 군대를 비엔나 포위 공격에서 격퇴, 1798년 나폴레옹 보나파르트Napoleon Bonaparte 장군이 이집트에 상륙하여 이슬람 세계의 중심부를 서구의 군사 지배 아래로 굴복시킨 사건의 날짜들이다.

그러나 사실 근동의 진정한 정복은 그보다 훨씬 전에 시작되었는데 그 정복자는 십자군도, 장군도, 외교관도, 그리고 선교사도 아니었다. 흥미롭게도 서방의 기계였다. 그 기계는 '기계의 어머니', 심지어는 '궁극적인 선교 기계'로 불리었다. 나는 지금 시계를 설명하고 있다. 놀라운 일일지도 모르지만, 오늘날 교회에서의 우리의 위치를 이해하려면 먼저 시계를 이해해야 한다. 왜냐하면 시계가 서구에 의해 정복된 나머지 세계의 사람들은 물론 시계를 발명했던 서구까지도 식민지로 삼았기 때문이다.

시계는 유럽에서 1400년경에 발명되었다. 이는 현대 세계의 발흥에 큰 중심축이 되었고, 따라서 현대적 의식과 현대 세계가 다른 지역에 미친 영향에 있어서도 매우 중요한 역할을 했다. 아프리카에는 이러한 격언도 있다. "시계가 사람을 만들지 않았다." 그러나 시계가 현대적 남자와 여자를 형성하는 도구가 되었던 것은 분명하다. 시계는 종종 세계화의 전령으로 지목되는 코카

콜라, 맥도날드, 그리고 MTV(음악 전문 방송)보다 훨씬 더 영향력이 크고, 우리의 현재와 미래에 대한 견해를 형성시키는 현대의 압력 배후에 있는 기폭제 혹은 장본인이다.

중국인들이 즉각적으로 시계라는 기계를 받아들였지만 전체 사회를 위한 도구보다는 황제의 장난감으로 그 용도를 제한했던 것처럼, 대체로 이슬람 세계는 시계에 저항하면서 천천히 적응하였다. 17세기에 영국의 일기 작가인 존 에블린John Evelyn은 페르시아인들이 "탁상시계나 손목시계를 가지고 있지 않았다"고 어떤 여행자가 전한 말을 인용하였다. 1947년에 근동 지방을 방문한 어느 프랑스인은 그쪽 사람들의 귀고에 따라 언제나 약속 시간보다 늦게 나갔다고 언급한다. "이곳은 하늘이 무척이나 푸르고 태양도 너무 뜨거운데 왜 그렇게 서두르는가? 이 달콤한 생활을 왜 해치려고 하는가?"

오늘날 세계화가 시간에 대한 현대 서구의 견해를 전 세계에 퍼뜨리고 있는 이때에, 전통적인 견해와 현대적인 견해 사이의 대조가 서구 이외의 지역에 사는 일반 사람들의 말 속에 잘 나타나 있다. 필리핀, "서구인들

> 서구인들은 손목에 신(gods)을 차고 다니는 사람들이다.

은 손목에 신gods을 차고 다니는 사람들이다." 케냐, "서구인들은 시계watch를 가지고 있지만 시간time이 없다. 아프리카인들은 시간은 많으나 시계가 없다." 이것이 바로 내가 '시계적 시간'clock time이라고 지칭하는, 시간에 대한 현대 견해이며, 우리가 신실함과 인간됨의 중요성을 재확인함과 동시에 그것의 악영향을 피하기 위해서는 반드시 이해해야 할 개념이다.

선택과 변화가 현대 세계의 중심에 자리 잡고 있다. 제조업자로부터 판매업자에 이르기까지, 식당에서부터 슈퍼마켓이나 쇼핑 안내서에 이르기까지, 수없이 다양한 방식으로 선택이 우리 앞에 제시되고 있다. 그래서 탁상시계나 손목시계와 관련하여 선택의 폭이 다양하다는 것에 너무나 익숙해져 있어서 오히려 우리에게 선택권이 없다는 것을 전혀 인식하지 못한다. 당신은 롤렉스, 오메가, 혹은 스와치 중 어느 것을 원하는가? 아날로그나 디지털 중에서는 어떤 것이 좋은가? 전통적인 스타일 혹은 현대적 스타일? 태엽시계 혹은 전자시계?

금박 시계 혹은 스테인리스 시계? 알람 소리가 벨처럼 울리는 시계 혹은 음악을 연주하는 시계? 한 번만 울리는 알람시계 혹은 일시 정지 버튼을 누를 수 있는 시계?

이와 같은 영역에서 선택은 계속되며 유일한 제한은 돈과 패션뿐이다. 결국 선택은 현대 소비자의 생득권이다. 그러나 이 옵션들은 실제로는 현대적 시간의 사소한 부분에 불과하다. 이보다 훨씬 더 중요한 것은 우리가 선택하거나 바꿀 수 없는 특징들이다. 좋게 되든 나쁘게 되든 현대의 시계적 시간의 세 가지 특징이 우리의 삶과 생각을 결정적으로 형성한다. 때때로 그렇듯이 여기서도 우리가 저항하려면 먼저 이해해야 한다.

정확성

현대의 시계적 시간의 첫 번째 특징은 정확성이다. 시간과 공간은 우리가 인간으로서 살고 활동하는 데 절대적으로 필요한 두 가지 기본 요소이다. 그래서 시간의 측정은 자연을 정복하고 우리 세계를 통제하는 삶을 사는

데 필수적이다. 물론 시계의 발명 이전에도 시간을 측정하는 방식이 있었다. 그러나 그러한 측정은 대부분 계절적이고, 정신적이었으며, 부정확했다.

세 가지의 중요한 발전이 시간에 대한 우리의 현대적 감각 배후에 자리 잡고 있다.

첫째, 오직 관찰에만 의존하는 음력에서 계산에 의한 양력으로 변화함

둘째, 하루를 단위로 하는 자연적인 시간 감각에서 일주일을 단위로 하는 인위적인 시간 감각으로 변화함

셋째, 오전, 오후와 같은 기간에 대한 감각에서 시간, 분, 초와 같은 정확한 감각으로 변화함

그러나 현대 세계의 발흥에서 결정적인 발전은 기계 시계의 발명에서 비롯되었다. 이전의 모든 다양한 도구는 느리고 제한적이었다. 예를 들어, 태양이 없으면 해시계는 존재하지 못한다. 그러므로 밤에는 소용이 없으며, 낮이 짧은 곳이나 불안정한 날씨에서는 효과가 제한적이다. 말할 것도 없이 이러한 사실은 노르웨이인들이

나 스코틀랜드인들보다는 그리스인들과 이탈리아인들에게 더 큰 이점을 주었다. 작은 누수나 불규칙적인 물의 흐름은 물시계를 신뢰할 수 없게 하거나 그 기능을 정지시킨다. 모래시계도 한 시간 단위 이상의 정확성을 얻기 위해서는 마지막 모래알이 아래로 떨어지는 순간에 정확히 뒤집어야 한다.

기계 시계는 금속으로 만들어진 제일 중요한 기계였을 뿐만 아니라, 모든 계절, 모든 날씨, 그리고 밤과 낮 모든 시간에 사용할 수 있는 도구였다. 무엇보다도 지동 기구라고 불리는 초기 장치의 기술이 진자(추)로 대체되고, 그 후에 태엽으로, 최종적으로는 극도의 정확성을 가진 디지털 상치로 내세워지면서, 시계는 정확성을 담보하는 힘이 되었으며, 이는 인간 역사에 있어서 완전히 새로운 것이었다. 이 모든 것이 시계로 말미암아 변화되었다.

광년이나 나노초(10억 분의 1초) 그 무엇으로 측정하든지 간에, 우리는 이제 그 어느 곳에서도 시간을 측정할 수 있다. 초를 정확히 나누는 성과는 전통적인 세계가 깜짝 놀랄 만한 사건이었다. 정확한 시간은 우주적인

제1장 냉소적인 하나님의 얼굴　　45

측정 수단이며, 인류 역사에 걸쳐서 가장 위대한 혁신 중 하나이다.

자연스럽게도 현대인들은 숨 쉬는 공기를 당연시하듯 이러한 정확성을 당연하게 여긴다. 이 세계는 변호사와 정신과 의사가 시간 단위로 비용을 계산하며, 전화 회사가 분 단위로 요금을 청구하고, 텔레비전 방송국이 광고주에게 초 단위로 비용을 받으며, 올림픽 출전 선수들은 100분의 1초 단위로 승패가 결정되고, 그리고 우주 비행사가 사활을 건 동작을 나노초 단위로 수행하는 곳이다.

> 현대적 정확성의 세계에서 시간 엄수는 적어도 대부분의 사람에게 그 자체로 덕목이 되었으며, 시간을 지키지 않는 것은 악덕 행위로 여긴다.

그럴 필요가 있고 그렇게 되기를 원할 때면 언제나 정확하고, 정확하고, 또 정확해질 수 있는 세상이다. 현대적 정확성의 세계에서 시간 엄수는 적어도 대부분의 사람에게 그 자체로 덕목이 되었으며, 시간을 지키지 않는 것은 악덕 행위로 여긴다.

조정

∽

현대의 시계적 시간의 두 번째 특징은 정확성의 중요한 결과인 조정이다. 잠시만 생각해 보아도 분명해지지만, 정확한 시간 개념은 과학과 기술에만 필수적인 것이 아니다. 우리의 일상생활에도 영향을 미치는데, 무엇보다도 매일 처리해야 하는 일들을 계획하고 조정하는 데 영향을 미친다. 일상생활 중 가장 기본적인 일들은 시간을 중심으로 이루어진다. 예를 들면, 아침에 일어나고, 친구를 만나고, 약속을 지키고, 비행기를 타고, 기한을 맞추고, 우편배달을 기다리고, 뉴스를 보고, 제시간에 교회에 도착하는 것 등이다. 고대의 어떤 종교적인 헌신자들일지라도 '우리 손목의 신들'에게 즉각적이고 전적으로 순종하면서 또 다른 약속으로 바삐 달려가는 현대인을 따라가지는 못한다.

심지어는 서구 세계의 중심 되는 특징이 다성음악 polyphony이라고 말해지기도 한다. 단일성과 다양성의 균형을 통해서, 또한 다양한 부분을 융합시켜서 공통의 목적을 부여하여 조화를 이루는 것이다. 이 다성음악은 우리의 음악에서(합창), 정치에서(법 아래 존재하는 다양한 정당들), 그리고 스포츠에서(동일한 규칙 아래서 경쟁하는 강력한 라이벌들) 들을 수 있다.

시계적 시간의 정확성으로 말미암아 현대 세계의 계획, 일정, 시간표, 그리고 상세한 업무 계획을 조정하는 일이 가능해졌다. 앞선 세대에서는 이와 같은 새로운 조정의 대표적인 상징이 철도와 기차 시간표였다. 19세기에 들어와 세계는 폭발과 수축을 동시에 경험하게 되었다. 전 대륙이 철도라는 의사소통 연결망으로 종횡으로 선이 그어졌고, 작은 증기엔진이 기차역의 거대한 시계와 두툼한 일정표에 따라 이리저리로 바쁘게 움직였다. 예를 들어, 스위스의 기차는 언제나 스위스 시계의 부드러움, 효율성, 그리고 청결함과 함께 달려 나갔다. 그들의 조정은 매우 부드럽고 효율적이어서 정확한 조정의 최고의 표준으로 우뚝 서게 되었다.

우리 시대에는 공항이 기차역을 대신하고, 컴퓨터가 역장과 기차 시간표의 역할을 감당하고, 원자적인 정확성이 육중한 빅토리아식 시계를 밀어냈으며, '접근', '연결', 그리고 '네트워킹'과 같은 용어들이 넘쳐나게 되었다. 그러나 어떤 일이 잘될 때 우리는 여전히 "시계처럼 잘 굴러간다"고 표현한다.

압박

시계적 시간의 세 번째 특징은 우리가 가장 잘 인식하고 있는 것, 즉 압박이다. 오늘날 현대적 삶의 최정점에서, 시계가 이끌어 가는 이 세계에서, 시간은 매우 정확하고 조정이 잘되어 있기에 우리를 사방에서 둘러싸서, 뒤에서 밀고, 앞에서 당기고, 위에서 누르고, 양쪽에서 압착하고 있다. 우리의 손목에 있는 신들은 찰스 보들레르Charles Baudelaire의 말을 인용한다면, "냉소적인 신"이다. 이 19세기 프랑스 시인이 자신의 시 "시계"에서 저항했듯이, "1시간에 3,600번 초는 속삭인다. 기억하라!"

> 시간은 매우 정확하고 조정이 잘되어 있기에 우리를 사방에서 둘러싸서, 뒤에서 밀고, 앞에서 당기고, 위에서 누르고, 양쪽에서 압착하고 있다.

우리는 여전히 '시간을 때우다'killing time 또는 '복역

제1장 냉소적인 하나님의 얼굴 **49**

하다'doing time라는 말을 사용한다. 이 두 가지 말은 오직 시간의 흐름에만 집중한 표현으로, 첫 번째는 자발적으로, 두 번째는 비자발적으로 시간을 보내는 것을 의미한다. 그러나 우리 대부분에게 이러한 순간들은 드물다. 사실, 어린 시절 이후로 시간이 너무 천천히 흐르는 경우는 드문 반면, 너무 빨리 흘러가는 경우가 훨씬 더 많다. 몇몇 예리한 관찰자는 시간을 정확하게 잴 수 있게 된 것에 대해 일찍부터 저항하였다. 로마의 희곡 작가인 플라우투스Plautus는 주전 200년에 이렇게 기록하였다.

> 신들은 처음으로 시간을 재는 법을 발견한 자를 저주하였다!
> 이곳에 해시계를 처음으로 세운 자도 저주하라!
> 나의 삶은 비참하게도 잘게 잘게 난도질당하였다.

2,000년 후인 지금 우리는 이 글에 전적으로 공감한다. 우리는 현실적으로 시간에 쫓기며 살아간다. '몹시 급해 어쩔 줄 모르는' 모습이 이제 우리의 삶의 방식이다. '안달하고 법석을 떠는 것'이 만성적인 상황이 되었

다. 시계를 발명한 후 600년이 지난 지금, 시간 준수라는 개념이 완곡어법이 되었고, 시간 절약 개념이 조크가 되었다. 시계의 초바늘 소리가 우리를 삶의 행렬로 몰아넣는 북소리와 훈련 교관의 날카로운 고함 소리처럼 들린다.

> 시계의 초바늘 소리가 우리를 삶의 행렬로 몰아넣는 북소리와 훈련 교관의 날카로운 고함 소리처럼 들린다.

이 세상이 여백이 없는 '24×7×365' 공간의 삶이 되었다는 것은 전혀 놀랄 일이 아니다. 1751년에 소설가 헨리 필딩Henry Fielding은 "시간이 돈이다"라는 말을 처음으로 사용하였다. 오늘날 시간은 큰돈이며 귀한 돈이다. 그래서 우리는 '시간을 사고', '시간을 최대화하며', '양질의 시간'을 확보하기 위해 애쓴다. 우리는 우리가 하는 모든 일에 대하여 '기회비용'을 계산한다. 우리는 '멀티태스킹'multi-tasking에 익숙하다. 삶을 가장자리까지 몰아 모든 남는 시간을 최대한 활용한다. '분할 화면 뉴스'에 담긴 정보, 자투리 시간을 채우는 '순간 광고', 우리의 시간에 달갑지 않은 세금을 매기기를 좋아하는 관료들로부터 우리를 구원하기 위해 줄을 지어 서 있는 '전문가 행렬'이 얼마나 많은가!

현대 세상에서는 언제나 많은 일이 일어나며, 그렇기 때문에 우리는 그것을 기대할 뿐만 아니라 요구하기도 한다. 변화는 끊임없이 일어나야 하고, 사람들의 의견은 무례하게 사로잡아야 하며, 최신의 것은 더욱 새로운 최신의 것으로 대체되어야 한다. 이 모든 일이 너무 광범위하게 진행되었고 무척이나 자연스러워서 많은 사람에게 꽉 들어찬 사건은 필수적이며, 집중력 장애 역시 흔한 상태일 뿐이다.

시간/동작 전문가들은 우리가 더 효율적이고 생산적이 될 수 있도록 여가 시간을 포함하여 삶의 모든 순간까지도 합리적으로 재구성하려고 한다. 대량 생산 시대의 초기에 헨리 포드Henry Ford는 이상적인 일꾼의 모습을 이렇게 설명한 적이 있다. "그는 모든 순간을 유용하게 사용하며, 한순간도 불필요하게 사용하지 않아야 한다." 헨리 포드가 관대해 보이는가, 아니면 무례하게 느껴지는가? 그것은 그가 무엇을 유용하다고 판단하는지 그 기준에 따라 달라진다.

그러나 시간에 대한 현대적 태도의 근본에 자리 잡고 있는 것은 명백하다. 바로 압박, 압박, 압박이다. 패스트푸드의 범람은 반대로 '슬로푸드 운동'을 일으키며, 정신없이 바쁜 삶은 명상과 같은 휴식 훈련의 급격한 증가를 가져온다. 그러나 이 후자의 것들은 단지 반응과 견제일 뿐이다. 시간적 압박이라는 중심 흐름의 공격은 무자비하며 멈추지 않는다.

시간은 궁극적인 신용카드이고, 속도는 소비의 보편적인 유형이며, "더 빠를수록 더 좋다"라는 명제는 삶의 이상적인 박자이다. 당신은 그것을 '미친 것'이라고 부르라. '우리 시대의 저주'라고 부르라. '긴급성의 횡포'라고 부르라. 아니, 당신이 부르고 싶은 대로 부르라. 그러나 아무리 당신이 뛰어내리고 싶어도 오늘날의 세계를 멈추는 것은 불가능하며, 이러한 광적인 속도는 우리의 혈압은 물론 신앙에도 영향을 끼친다.

> 시간은 궁극적인 신용카드이고, 속도는 소비의 보편적인 유형이다.

ns Guinness
Prophetic Untimeliness

02
시간의 횡포

조지 오웰George Orwell이 이렇게 말한 적이 있었다. "우리는 이제 명백한 것에 대한 재진술이 지식인의 첫 번째 의무가 된 곳으로 깊이 기미있고 있다." 앞 장에서 나눈 모든 내용은 우리가 이미 본능적으로 알고 있었던 것을 훨씬 더 별 볼 일 없는 방식으로 다시 언급한 것에 불과하다. 정확성, 조정, 그리고 압박과 같은 현대 시간의 특징들은 우리가 멈춰서 잠시 생각만 해 보아도 명백히 알 수 있는 것들이다. 거의 그렇게 하지 않지만 말이다. 그것이 바로 현대 세계의 시간의 모습이고, 우리에게 영향을 주고 우리를 형성하는 방식이다.

현대적 시간을 설명하는 일에는 어떤 가치가 있기는 하다. 그러나 우리는 그보다 더 나아가야 한다. 파고들어야 하는 더 깊은 특징들이 있다. 그것들은 우리가 앞에서 살펴본 것처럼 그렇게 명백하지는 않지만 모두 똑같이 중요하다. 그것들이야말로 우리 세계의 진정한 시간의 폭군들이며, 독립적으로 사고하고 결연한 삶을 추구하는 반시대적인 사람들에게 매우 중요한 것들이다.

이름 붙이기의 능력

시간에 대한 현대 견해의 첫 번째 심층적인 결과는 딱지(이름)를 붙이는 능력, 또는 현실을 정의하는 능력이다. 말은 우리가 현실에 붙이는 손잡이나 딱지와 같은 것이다. 그것은 매우 영향력이 큰데, 그 이유는 말하는 방식이 보는 방식을 형성하기 때문이다. 어떤 것에 관해 자주 말하면 결국 그것을 그러한 방식으로 보게 된다. 오래 지나지 않아서, 심지어 새롭고 놀라운 것들조차도 진부하고 자명한 것이 될 것이다. 별명을 부르고 이름을 부르는 것은 말을 사용해서 권력을 행사하는 명백한 예이다. 어떤 이를 '말라깽이' 또는 '멍청이'라고 부르면, 사람들은 그가

> 어떤 것에 관해 자주 말하면 결국 그것을 그러한 방식으로 보게 된다.

비만이거나 두뇌가 명석하다고 생각하지 못할 것이다.

시간에 대해 우리가 사용하는 단어도 예외가 아니다. 더욱이 우리가 전혀 의식하지 못하기 때문에 훨씬 더 강력하게 작용한다. 그것들은 우리의 일상 언어에 깊이 파고들어서, 우리의 시간 개념을 형성하고 제공하며, 그래서 시간 그 자체에 대한 우리의 경험을 인도하고 형성한다. 예를 들어, 시계의 가장 강력한 영향력 중 한 가지는 심지어 우주도 하나의 거대한 시계처럼 보이도록 한다는 점이다. 17세기 과학자 로버트 보일Robert Boyle의 말을 빌린다면, 현대 과학의 생성 초기에는 우주가 "시계 장치의 거대한 한 부분"이었다. 현대 견해가 이러한 초기 견해를 대체하였는데, 그러나 시계와 시계적 시간이 잠재의식에 미치는 강력한 영향은 우리의 언어를 통해서 계속 움직이면서 현실에 대한 우리의 관점을 형성하고 있다. 이것은 특히 두 가지 지점에서 영향을 미

친다.

공간에서 시간으로

과거에 공간을 지칭하던 용어가 이제는 시간을 지칭한다. 예를 들어, '문명화된'civilized이라는 단어는 과거에는 공간적인 의미로 사용되었다. 문명화된 것과 그렇지 않은 것을 구별하는 열쇠는 공간이라는 측면에서 '어떤 것을 넘어서'beyond라는 개념이었다. 어떤 사람들이 자신을 문명화되었다고 생각하면, 그 사회의 범위를 넘어서는 사람들은 문명화되지 않은 것이었다. 그들은 '울타리 밖에' 있는 자들이었다. 가장 유명한 예로, 그리스인들은 자신들을 문명인으로 본 반면, 자신들의 개화된 지역 밖에 있는 모든 자는 '야만인'으로 간주했다.

이러한 측정 기준이 시계와 시계적 시간의 대두로 변화되었다. 비문명화된 사람들은 더 이상 공간적인 측면에서 '밖에' 있는 자들이 아니라 시간적 개념에서 '뒤처진' 사람들이다. 그들은 이제는 야만인이 아니라 '원시적', '보수적', '네안데르탈인과 같은 사람'이며 십대들의 용어로 말하면 '지진아'들이다. 측정 기준이 거리나 범위가 아니라 시간과 시대와 같은 것으로 바뀌었다. 이것은 어떤 광고주가 새천년의 전환기에 구닥다리와 한물 간 것을 비웃는 방식으로 새로운 것을 강조하고, 구시대의 유물들을 짓궂게 놀리면서 던지는 말과 같다. "그건 너무 20세기적이잖아!"

공간이 아니라 시간을 지칭하는 것으로 바뀐 또 다른 예는 '진보'progress라는 용어이다. 초기에는 공간을 의미했지만 이제는 거의 대부분 시간을 뜻한다. 존 번연 John Bunyan의 『천로역정』pilgrim's progress, 크리스챤다이제스트은 여행을 의미했고, 왕의 순행king's progress이라고 할 때는 길을 따라 나아가는 왕의 행렬을 가리켰다. 이는 과학적인 발전이나 육면도의 선수들의 성장보다는 축제 행렬이나 메이시 백화점의 감사절 퍼레이드와 같은 뜻이었다. 오늘날에는 앞의 것이 더 흔히 사용되는 용법이다. '진보', '진보적', 그리고 반대말인 '보수적', '시대에 뒤진', 또는 '구식'과 같은 말은 과학과 기술, 그리고 시민의 권리와 같은 것이 전진하고 있느냐, 아니면 후퇴하고 있느냐 할 때 더 많이 사용된다. 즉 공간보다는 시간의 흐름을 나타낸다.

설명이 아니라 명령

시계와 시계적 시간의 강력한 잠재의식적인 영향은 두 번째 지점에서도 발견할 수 있다. 바로 어떤 말이 설명이라는 탈을 쓰지만 실제로는 평가를 하는 방식으로 사용되는 것이다. 그 말들은 설명하는 척하지만 실제로는 칭찬하거나 비난한다. 이것은 위의 예에서 이미 분명하게 나타난다. '진보'는 앞서 나가는 것을 묘사하는 것처럼 보이지만, 그것이 좋다는 의미도 포함되어 있다. 평가가 설명과 섞여 있고 그것을 분리하기는 불가능하다.

> 그 말들은 설명하는 척하지만 실제로는 칭찬하거나 비난한다.

'진보주의'에 찬동하는 사람들에게 – 어떤 의미로 보면 우리는 모두 진보주의자들이다 – 정의상 진보는 좋은 것이며, 언제나 좋으며, 자명하게 좋으며, 의심할 바 없이 좋은 것이다. 수구 반동은 정의하자면 나쁜 것이다. 세상은 점점 더 좋아지고 있다. 지금 있는 것은 그 무엇이나 옳은 것이며 과거에 있었던 그 어느 것보다 더 좋은 것이다. 그러므로 앞으로 올 것은 그 무엇이든지 훨씬 더 좋은 것일 것이다. '진보'라는 단어가 그렇게 주장하고 있으며 우리에게 그렇다고 말하고 있다. 우리는 생각하도록 제안받지 않는다. 스스로 판단할 기회나 기준도 주어지지 않는다. 어떤 것이 진보적이라면, 정의상 그것은 좋은 것이어야 한다. 어떤 것이 수구 반동이라면, 그것은 분명히 나쁜 것이며, 더 이상 말할 필요도 없다. 논의는 그것으로 종결된다.

몰래 잠입해 들어온 판단이 가진 이러한 힘은 역사의 시기를 설명하는 단어들 속에서도 나타난다. 예를 들어, 표준적인 구분을 나타내는 '어둠의 시대 / 중세 / 현대'라는 단어는 근대 시대의 초기에 처음으로 사용되었다. 이 시대들에 대해서 역사가만큼 알지 못하는 사람들은 이 단어들을 이렇게 받아들인다. 첫 번째 시대는 별로 가치가 없고, 두 번째는 모든 발전의 절정인 현시대로 이끌어 준다는 데 가치가 있다.

다른 말로 하면, 모든 길은 로마로 통하며, 모든 시대는 우리에게로 통하는 것이다. 이러한 단어들을 계속 사용하면, 그 말이 가진 힘이 우리를 우쭐거리게 해서 실제로 이를 믿게 한다. 결국 가장 나중 시대가 가장 위대하다면, 현시대에 있는 우리가 모든 시대의 완성인 셈이다. 우리는 역사의 절정이다. 역사의 목적이 우리라는 것은 명백하다. 현재는 샴페인을 터뜨려서 우리 스스로 축배를 해야 하는 때이다.

추정

시간에 대한 현대 견해의 두 번째 심층적인 결과는 추정이다. 시간에 대한 현대 단어에는 선호와 편견이 들어 있다. 그러나 이 선호가 입 밖으로 표현되지는 않으며, 편견도 문제시되지 않는다. 황제의 칙령이 그의 제국 내에서는 절대적인 것처럼 현대 시간의 점검되지 않은 폭군이 자신의 관점과 선호를 그 영역 안에 사는 모든 자에게 강제로 부과하는 것이다. 이는 명백하게, 어떤 사물을 이런 식으로 보는 것이 그 사물의 원래 그대로를 보는 방식이라고 주장하는 것이다.

> 황제의 칙령이 그의 제국 내에서는 절대적인 것처럼 현대 시간의 점검되지 않은 폭군이 자신의 관점과 선호를 그 영역 안에 사는 모든 자에게 강제로 부과한다.

진보라는 단어도 추정의 명백한 예가 된다. 두말할 필요도 없이, 진보와 쇠퇴라는 용어가 그것을 판단할 수 있는 기준에 근거한 것이라면 완전히 정당하다. 즉 선, 진리, 그리고 미의 개념에 근거한 것이라면 말이다. 이와 같은 기준은 사람들마다 다르지만 자신들이 정한 기준에 근거해서 무엇이 진보이고 무엇이 쇠퇴인지 판단할 수는 있다. 그러나 진보와 쇠퇴에 대한 현대의 언급은 그렇지 않다.

현대 세계가 말하는 변화는 오직 순수한 변화, 변화를 위한 변화만을 의미하는 편견을 가지고 있다. 어떤 변화도 진보가 되기에 충분하다. 어떤 변화에 대해서도, 우리는 옛것과 새로운 것의 연속성을 무시하며, 그 변화를 평가하는 기준을 말하는 것을 하찮게 여긴다. 그 변화는 더 나은 변화인가, 아니면 더 나쁜 변화인가? 이러한 질문은 부적절하다. 오직 중요한 것은 변화일 뿐이다. 진보가 변화이고 변화가 진보이며, 그것으로 다 된 것이다.

유토피아적 이상주의는 이와 같은 점검되지 않은 추정과 함께 부추겨진다. 18세기의 고전인 『로마제국 쇠

망사』*The History of the Decline and Fall of the Roman Empire*, 민음사의 저자 에드워드 기번Edward Gibbon은 다음과 같은 유명한 주장을 하였다.

> 자연의 세력이 변화되지 않는 한 원래의 야만인으로 돌아갈 민족은 없을 것이라고 추정해도 틀리지 않을 것이다. … 그러므로 세계의 모든 시대는 실제적인 재산, 행복, 지식, 혹은 인류의 덕목까지도 증진시켜 왔고 지금도 여전히 그렇게 하고 있다는 즐거운 결론에 동의할 수 있을 것이다.

동시대의 모든 계몽주의 사상가들과 마찬가지로, 기번은 언제나 잔이 더 채워질 수 있을 것으로 보았다. 결국 "자연의 세력"이 그렇게 선언한 것이었다. 그러나 현실은 종종 이러한 이상주의의 공허함을 드러낸다. 기번은 프랑스 혁명에 뒤이은 공포 정치 기간인 1794년에 죽었는데, 그때는 유대인 대학살 이전에 있었던 모든 악의 집약이라고 간주될 정도로 잔악한 시대였다. 공포 정치와 유대인 대학살 기간에 문명국가들은 '야만 시대로 후퇴'했을 뿐만 아니라 악의 정도에 있어서는 그 시대를 훨씬 능가했다.

안타깝게도 자연의 세력을 통한 필연적인 진보라는 기번의 계몽주의적 추정은 분명히 표적을 벗어났다. 그러나 18세기부터 1960년대까지 - 유토피아적 이상주의의 유해한 영향을 심각하게 받았던 기간 동안에도 - 진보, 향상, 개선과 같은 단어들을 주문처럼 외우는 일은 광대하고 태양이 밝게 비추는 대지 안에서 그다음 산의 정상에 다시 올라갈 수 있으리라는 확신과 자신감을 주기에 충분했다.

유토피아적 이상주의의 거대한 이데올로기라는 명분으로 수억 명의 사람이 살육당한 지 반 세기가 지난 오늘날, 이러한 진보에 대한 견해의 추정은 더 면밀하게 검토되고 있다. 결국 이성에 대한 기고만장한 신뢰 가운데서 계몽주의 사상가들은 자신들의 철학을 자아비판하는 모습을 전혀 보여 주지 못했다.

기번과 동시대의 극작가인 리처드 셰리든Richard Sheridan이 평의회에서 연설했던 것처럼, 줄곧 비판적으로 생각하는 것이 훨씬 낫다. 의회의 다른 사람들을 비

> 그는 진실하기도 하고 동시에 새로운 것을 말했다. 그러나 불행하게도 진실한 것은 새롭지 않았으며, 새로운 것은 진실하지 않았다.

판하면서 셰리든은 이렇게 언급했다. "그는 진실하기도 하고 동시에 새로운 것을 말했다. 그러나 불행하게도 진실한 것은 새롭지 않았으며, 새로운 것은 진실하지 않았다."

다소간의 차이는 있지만, 계몽주의의 추정은 시간에 대한 수많은 현대적 언급에서도 여전히 빈번하게 나타난다. 이중적인 추정이 너무나 자주 작용한다. 한편에서는, 현재가 과거보다 우월한 지위에 있다. 또 다른 편으로는, 미래가 현재보다 우월한 지위에 있다. 현대라는 용어의 의미는 '바로 지금'이지만, '바로 지금'에 대한 믿음이 '현재를 새로움으로 간주하는 초법적인 주장'으로 비약하게 될 때에 추정이 개입하게 된다. 철학자 마르틴 하이데거Martin Heidegger는 우리가 현재를 "자랑스러운 독점적인 지금"으로 보거나, 더 나쁘게는 "거만한 지점"으로 보는 방식에 나타난 추정을 공격하였다.

역설

시간에 대한 현대 관점의 세 번째 심층적인 결과는 역설이다. 이는 끊임없는 변화가 우리의 범주와 결론을 혼란시키는 이 세계에서 시간의 속도와 압박과 같다. 고착된 확신, 확실한 판단, 오랫동안 견지되어 온 신념, 오랜 전통, 새롭게 알려진 발견, 그리고 급진적인 새로운 유행들은 현대 시간의 변화의 폭풍 속으로 예식도 없이 사라져 버린다. 이런저런 영역들 속에서 우리가 아이러니와 의도하지 않았던 결과들을 계속 거둔다는 것은 전혀 놀랄 마한 일이 아니다. 좌익 / 우익, 그리고 자유주의 / 보수주의와 같은 수많은 범수가 뒤엉 대로 낡고, 혼란스러워지고, 진부한 것이 되어 버렸다.

1939년 20세기의 어느 날 한밤중에 히틀러Adolf Hitler와 스탈린Joseph Stalin이 나치 - 소비에트 협정 소식으로 세계를 놀라게 했을 때, 영국의 한 익살가는 "우리의 모든 주의主義, Isms가 과거의 것Wasms이 되어 버렸다"고 비꼬았다. 그의 요점은 오늘날에 더욱 잘 들어맞는다. 일반적인 카테고리가 과도한 사용으로 낡아져 버렸고, 시간의 가차 없는 속도 때문에 옛 모습을 찾아볼 수 없을 정도로 왜곡되고 말았다. 우리가 때때로 보게 되는, '전통주의의 싹싹한 공허감', '자유주의의 맹목적인 반자유주의', 또는 '보수주의의 숨 막힐 듯한 진보주의'와 같은 뒤틀림을 다른 어떤 방식으로 설명할 수 있겠는가?

"아방가르드는 보수파이다"라는 말이 상당한 근거를 가지고 오늘날 사용되는데, 왜냐하면 21세기의 수많은 자유주의자가 18세기의 진보에 대해, 19세기의 과학에 대해, 20세기 중반의 실상과 객관성에 대해 견해를 가지고 있기 때문이다. 문제는 이러한 입장이 낡았다는 점이 아니라 - 연대기적 속물근성의 오류는 그 자체로 현대 시간의 유산이다 - 그것들이 진실이 아니라는 점이다.

역설은 보수주의 진영에서도 분명하게 나타난다. 많은 보수주의자가 자유를 사랑하는 것보다 더 자유주의자들을 증오한다고 알려져 있다. 그러나 그것은 단지 뒤틀림의 시작일 뿐이다. 무엇보다도 오늘날 보수주의자들은 경제와 환경 문제에서는 전혀 보수적이지 않다. 이 영역에서는 누구도 우리의 용감한 보수주의자들보다 더 과감한 진보주의자가 될 수 없을 정도이다. 역사가 존 루카치John Lukacs는 이렇게 말한다. "'보수주의자' 특히 미국의 보수주의자들은 '진보'의 가장 열렬한 옹호자들이다. 현재와 미래에 대한 그들의 견해는 근시안적이며, 순진하다기보다는 오히려 저능아적인 요란한 낙관주의로 가득 차 있다."

이러한 아이러니는 우리를 이 책의 중심 과제로 다시 이끌어 간다. 즉 적합성에 대한 그리스도인들의 전례 없는 추구가 어떻게 전례 없는 부적합성으로 이끌어졌는가 하는 것이다. 이제는 현대 시간의 압박이 어떻게 신앙생활을 포함한 우리의 모든 삶을 형성했는지에 대한 생생한 인식을 가지고서 네 가지 특별한 문제로 들어가 보자.

제2부

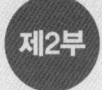

우리의 숨겨진 능력을 잃고

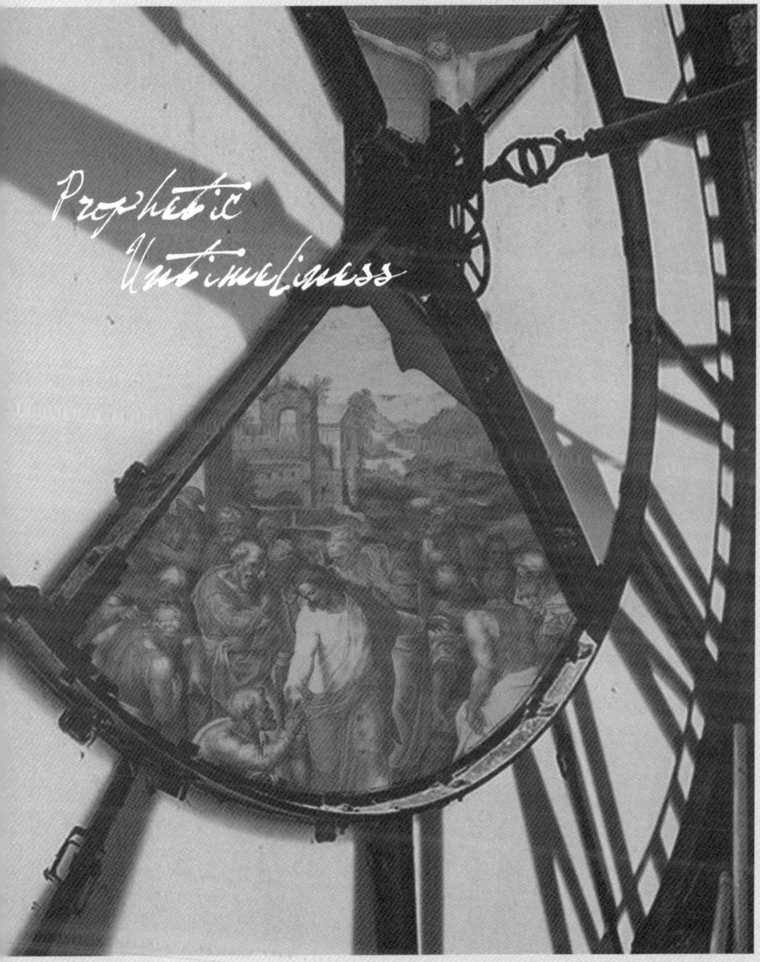
Prophetic
Untimeliness

Os Guinness
Prophetic Untimeliness

03
불가능한 입장

역사적으로 교회의 능력과 영광의 중요한 비결은 '세상에 대항하여, 그러나 세상을 위하여' 부르심 받았다는 데 있다. C. S. 루이스는 이것을 기독교 신앙의 "양날의 특성"이라고 불렀다. 창조와 타락이라는 두 가지 진리에 근거해서, 그리스도인들은 모든 것을 이중 초점 비전으로 본다. 현실을 세상이 창조되었을 때의 모습으로만 보지 않고 지금의 변화된 모습으로도 본다. 그 결과 기독교 신앙은 세상을 긍정함과 동시에 부인한다.

교회가 이러한 이중적인 입장을 유지하는 일에 약하거나 부주의할 때 이는 곧바로 비겁과 부패, 타락과 쇠퇴로 이어진다. 그러나 교회가 신실할 때는 문화를 변혁하고 갱신하는 일이 교회 능력의 중심에 자리 잡게 된다. 오랜 세월 동안 기독교 개혁가들이 명확하게 보여주고 있듯이, 예수의 제자들은 인간의 열망과 성취의 좋은 것들은 지지하지만 나쁜 것들은 거부한다.

힌두교나 불교와 같은 동양 종교와는 달리 기독교 신앙은 세상을 긍정하는 것을 부끄러워하지 않는다. "모든 진리는 하나님의 진리이다." 그래서 선, 진리, 미의 좋은 것들은 어디에서 발견되든지 지지받을 수 있다. 교회는 미술, 음악, 그리고 문학의 영역에서, 학교와 대학을 설립하는 데서, 병원과 고아원을 운영하는 데서, 가난하고 압제당하는 사람들을 돌보는 데서, 개혁을 추구하고 인권을 신장시키는 데서 영광스러운 창조적 모습을 보여 왔다.

이와 동시에 기독교 신앙은 인본주의의 세속적인 변종들과는 달리, 세상을 부인하기도 한다. 하나님의 법과 원리에 모순되는 그 어떤 법이나 관행은 거부되어야 한다. 그러므로 교회는 보존뿐만 아니라 개혁도 강조하며, 축제뿐만 아니라 금식도 요구하며, 성취뿐만 아니라 자기부정도 강조하며, 영광의 소망뿐만 아니라 십자가 사건까지도 그 중심에 간직하고 있다. 유대교와 마찬가지로 기독교 신앙은 양자택일이 아니라 양자 동시 선택을 강조한다. 이것이 바로 교회 능력의 중요한 비결이다.

그러나 이러한 강력한 태도에 작은 장애물이 하나 있다. 말하기는 쉽지만 행하기는 어렵다는 것이다. 예수는 제자들에게 세상 '안'in에 있으나 세상에 '속하지는 말고'not of, '세상을 위하여 세상에 대항할 것'을 요구하셨다. 그러나 오직 그분만이 이를 완벽하게 성취하셨다. 2,000년의 교회 역사가 보여 주었듯이, 어느 한쪽 극단으로 가 버리는 것이 훨씬 쉽다. 우리는 세상에 '속하여' 그 '안'에 있게 되든지, 너무나 세상에 '속하지 않았기' 때문에 '세상에서 벗어니', '세상에서 쓸모없는' 자가 되어 버린다.

> 예수는 제자들에게 세상 '안'(in)에 있으나 세상에 '속하지는 말고'(not of), '세상을 위하여 세상에 대항할 것'을 요구하셨다. 그러나 오직 그분만이 이를 완벽하게 성취하셨다.

매우 분명한 실례들이 사람들과 시대가 극단적으로 나아갔던 때를 보여 준다. 예를 들어, 15세기 르네상스 시대의 교황권은 세속적인 권력 추구와 뻔뻔스럽게 악을 수용하는 부문에서는 그 누구도 따라갈 수가 없었다. 알렉산더 6세Alexander VI와 같은 보르자Borgia 교황들은 부패, 간음, 살인, 그리고 근친상간 부문에서 치욕의 전당 앞자리를 차지한다.

그러나 오랜 세월에 걸친, 여러 가지가 뒤섞여 있는 기록은 두 가지 중요한 교훈도 가르쳐 준다. 하나는 우리가 세상에 대하여 전형적으로 취하는 입장과 관련이 있고, 다른 하나는 현대 세계 – 시간에 대한 태도도 포함해서 – 가 이 모든 입장을 그 어느 때보다도 더욱 힘들게 한다는 사실과 관련되어 있다.

간단히 말해서, 교회가 지금까지 속해 왔었던 모든 문화 중에서 현대 세계가 가장 강력하고, 가장 침투력이 강하고, 가장 압박이 심하다. 현대 세계는 교회 역사상 다른 모든 박해자보다 기독교의 순결함과 효율성에 가장 크게 손상을 입히고 있다.

> 교회가 지금까지 속해 왔었던 모든 문화 중에서 현대 세계가 가장 강력하고, 가장 침투력이 강하고, 가장 압박이 심하다.

바로 이런 이유로 우리는 세계 남부 지역에서의 놀라운 교회 성장으로부터 잘못된 위안을 받지 말아야 한다. 아시아, 아프리카, 그리고 라틴 아메리카에서 일어난 교회의 폭발적인 성장은 대부분 전근대적이다. 그곳에서 일어나는 일들은 진정으로 놀랍지만, 이 교회들은, 유럽의 교회들을 초토화시키고 미국의 지도자들과 지성인들의 신앙을 파괴하고 있는 현대성의 격렬한 시련을 아직 겪어 보지 못했다.

이로써 현대 세계의 중요성은 분명해졌다. 그리스도인이 세상을 향해 취할 수 있는 세 가지 전통적인 입장들은 훨씬 더 어려워졌다. 그것들을 고찰하면서 보게 되겠지만, 현대 세계의 중심에 있는 압박과 유혹이 각 입장의 어려움 배후에 자리 잡고 있다.

저항은 유지될 수 없다

사회학자 피터 버거Peter Berger의 유용한 카테고리를 사용한다면, 세상에 대한 그리스도인의 첫 번째 전통적인 입장은 인식적이고 문화적인 저항이다. 이 입장은 "세상에서 피하라"는 성경의 경고를 심각하게 받아들이면서, 세상과 세속성의 위험에 대한 현실적인 평가에 기초를 둔다. 그리고 이러한 인식을 현대 세계의 정신과 구조에 대한 단호한 저항으로 연결 짓는다. 수도원의 오랜 역사가 이러한 입장의 대표적인 예이고, 아미쉬나 메노나이트와 같은, 세상을 거부하는 공동체가 오늘날에도 여전히 존재한다.

그러나 중요한 것은 현대 세계가 이 입장을 주로 무기력하고 거의 존재하지 않는 것으로 여긴다는 점이다. 단호하게 '세상에 속하지 않는 방식으로' 생각하거나 살려고 하는 그리스도인들이 거의 없다는 것은, 현대 세계의 파워, 침투력, 그리고 매력(한마디로 유혹)이 어떠하다는 것을 잘 드러낸다. 오늘날 진정으로 세상을 거부하는 입장은 드물다.

나는 처음 이와 같은 입장을 접했을 때를 지금도 기억한다. 옥스퍼드 대학의 나의 지도교수는 70년대 중반 유럽의 저명한 학자였다. 그는 수많은 학생이 수강하던 사회과학 세미나에서 한 가지 질문을 제기하였다. "1970년대 말이 되었을 때 미국에서 누가 가장 세속적인 그리스도인이 되어 있을까?" 그가 스스로 대답했을 때 강의실 안에 신음소리가 새어 나왔다. "복음주의자와 근본주의자일 것이라고 나는 장담할 수 있네."

그러나 사람들은 용어의 정의상 복음주의자와 근본주의자가 세상을 거부하는 자들이라고 분명히 생각할 것이다. 그들의 신념의 중심에는 세상에 대한 저항이 있었고 이는 그들의 모습에서 현저히 드러났다. 그들이 한 때는 이와 같았다고 그 교수는 주장했다. 전통적인 복음주의자와 근본주의자는 세속 문화를 두려워했고, 후각이 발달한 사냥개나 방사능 측정기처럼 세속적인 것에 대하여 뛰어난 선별 능력을 가지고 있었다.

1968년에 처음으로 미국을 방문했을 때, 남부의 어느 교회에서 강의를 하나가 잉그마르 베르히만Ingmar Bergman의 영화에 관하여 지나가듯이 언급한 적이 있었다. 나는 가차 없이 야유를 받았다. 그쪽 지역의 그리스도인들은 영화를 보지 않는다고 했다. 포도주도 마시지 않을뿐더러 예수도 포도주를 마시지 않았다고 생각한다. 내가 아일랜드 지방의 양조업 가문 출신이라는 점이 나에 대해서 깊은 의구심을 유발하리라 확신하면서 나는 그곳을 떠났다.

제3장 불가능한 입장

그 후 얼마 지나지 않아서, 현재 전국적으로 유명한 저널리스트인 내 친구가 신학교 교수에게 다음과 같은 말을 들었다. "네가 세속적인 매체에서 일하게 되면, 어떤 그리스도인 남자도 너와 결혼하지 않을 것이다. 그리고 너도 신앙을 잃게 될 것이다!"

그 옥스퍼드 세미나에서의 예언 이후 세월은 복음주의자와 근본주의자가 역사상 필적할 수 없을 만한 열정으로 현대 세계를 받아들였음을 여실히 보여 주는 중이다. 다시 말하지만, 내 말을 오해하지 말기를 바란다. 나는 초연하거나 냉정한 관찰자의 입장에서 이 글을 쓰고 있는 것이 아니다. 나는 복음주의자이며, 다른 복음주의자들과 함께 자신과 자신들의 삶을 예수 그리스도의 복음의 가장 근본적인 것으로 규정하는 모든 기독교 전통에 깊이 헌신되어 있고, 그것을 전혀 부끄러워하지 않는다.

그러나 안타깝게도 우리 복음주의자들은 복음주의 공동체나 하위문화의 가장 두드러지는 형태에서, 그리

> 복음주의자와 근본주의자가 역사상 필적할 수 없을 만한 열정으로 현대 세계를 받아들이고 있다.

고 미국에서 가장 세속적인 기독교 전통이 되어 간다는 점에서 주류 개신교의 가장 강력한 라이벌이 되었다. 물질주의와 우선순위와 주된 관심사의 세속성에서부터, 심리학, 경영학, 마케팅과 같은 현대적 우상들의 열렬한 포로가 된 것에 이르기까지, 그 형태는 매우 분명하다.

존 웨슬리John Wesley, 조나단 에드워즈Jonathan Edwards, 존 제이John Jay, 윌리엄 윌버포스William Wilberforce, 한나 모어Hannah More, 섀프츠베리 경Lord Shaftesbury, 캐서린 부스Catherine Booth, 허드슨 테일러Hudson Taylor, D. L. 무디D. L. Moody, 찰스 스펄전Charles Spurgeon, 오스왈드 챔버스Oswald Chambers, 앤드류 머레이Andrew Murray, 칼 헨리Carl Henry, 그리고 존 스토트John Stott의 신앙 세계가 사라지고 있다. 그 자리에 새로운 복음주의가 도착해서, 스스로에 대한 치유적 관심이 하나님을 아는 것을 덮어 버리고, 영성이 신학을 대신하며, 종말의 도피주의가 일상의 제자도를 몰아내고, 마케팅이 선교를 축출하고, 여론조사 결과가 성경 주해에 대한 의존을 압도하며, 권력과 적합성에 대한 관심이 경건과 신실함에 대한 관심보다 두드러지며, 예배당을 재건하자는 말이 부흥을 위한 기도를 대체하고, 발흥하는 복음주의 하위문화의 재벌 왕국을 유지하려는 전력투구가 선교적 사역에 대한 복음주의의 특징적인 열정을 누르고 있다.

많은 복음주의자가 커다란 변화를 감지하지 못하는데, 그 이유는 그들이 오직 현재만 알 뿐 역사에 대한 감각(심지어 자신의 역사에 대해서도)은 전혀 없기 때문이다. 세속성에 대한 과거의 견해가 사라져 버렸다는 어렴풋한 인식은, '두려움의 오류'에 의존하는 것으로 메워져 버렸다. 즉, 한쪽 극단에 대한 두려움이 또 다른 극단으로 치우치는 것에 대한 변명으로 인용되는 것이다. 새로운 복음주의자들은 이렇게 말한다. "우리가 과거 세대의 편협한 세속성의 '할 일 목록'과 '하지 말아야 할 일 목록'과 '해서는 안 되는 일 목록'에서 벗어난 것에 대해 하나님께 감사드린다. 우리의 선조들은 완고한 율법주의자들이었다. 그들은 사소한 것에 집착했으며, 세속성을 술, 춤, 그리고 담배로 축소시켰다. 구속하는 세속성으로부터 탈출하여 그리스도인의 자유와 은혜를 축하하자."

물론 두려움은 정당하다. 율법주의라는 과거의 망

령은 복음과 은혜에 정반대되는 것이다. 그러나 진정한 세속성이 사소한 세속성과 함께 버려지게 될 때 오류가 발생한다. 세상에 저항하려는 어떤 단호한 노력도 반드시 함정과 위험에 빠지게 되며, 그러한 함정과 위험에 대해서 이해하고 저항해야 한다. 그러나 그것들이 오늘날의 긴급한 위험은 아니다.

절충은 도전적이다

세상을 향한 그리스도인의 두 번째 전통적인 입장은 인식적이고 문화적인 절충이다. "이 세대를 본받지 말고, 오직 마음을 새롭게 함으로 변화를 받으라"는 성경의 권고를 진지하게 받아들이는 이 입장은 세 가지 중에서 중간 입장이다. 이는 참과 거짓, 선과 악, 경건과 세속을 분별하려고 지속적으로 시도한다.

이 입장은 간단하게 다룰 수가 있는데, 왜냐하면 오늘날 이 자체로는 어떤 원칙적인 문제도 없기 때문이다. 아우구스티누스와 같은 위대한 사상가들이 이를 분명하게 보여 주었다. 그리고 거의 모든 그리스도인이 이러한 입장을 따른다고 말할 것이다. 실제적으로는 다양한 모습으로 나타나겠지만 말이다.

그러나 오늘날 이 입장을 추구하는 데는 매우 실제적인 문제가 있다. 현대 세계가 그 어느 때보다도 이 입장을 취하는 데 더 어려움을 준다. 현재 우리에게 쏟아지는 정보와 이슈의 범위와 속도는 굉장하기 때문에 우리의 분별하고 판단하는 능력이 거의 다 소진될 지경이다. 우리 중 누가 매우 지혜롭다고 할 정도로 충분히 읽고, 충분히 생각하고, 충분히 기도하는가? 살펴보고, 생각해 보아야 할 것이 너무나 많다.

> 현대의 정보와 변화의 폭풍 속에서 그리스도인답게 생각하고 행동하는 데에는 선지자의 용기, 현인의 지혜, 그리고 성자의 성품이 요구된다.

현대의 정보와 변화의 폭풍 속에서 그리스도인답게 생각하고 행동하는 데에는 선지자의 용기, 현인의 지혜, 그리고 성자의 성품이 요구된다. 욥의 인내와 므두셀라의 장수는 말할 것도 없다.

순응은 불충으로 귀결된다

세상을 향한 그리스도인의 세 번째 전통적인 입장은 인식적이고 문화적인 순응이다. 이는 현대적 시간의 압박으로 가장 많이 왜곡되고 말았다. 이 입장은 선교에 대한 성경적인 소명, 특히 성육신의 모범과 '유대인들에게는 유대인, 이방인들에게는 이방인, 모든 사람에게는 모든 것'이 되려는 사도 바울의 예를 진지하게 고려한다. 그렇게 함으로써 복음을 모든 새로운 사람들과 문화에 적응시켜서 각 시대에 적합하게 하려고 한다.

이 세 번째 입장의 동기는 칭찬할 만하다. 두말할 것도 없이 옳고 가치가 있으며, 예수 그리스도의 모든 제자가 분명히 품어야 할 열정이다. 첫 번째 입장이 교회의 신실성을 강조한다면, 이 입장은 유연성을 강조한다. 그리스도의 교회는 자기 자신이 아니라 '다른 사람들을 위한 공동체'이며, 이것은 섬김이 언제나 순응을 수반한다는 것을 의미한다.

그러나 이 입장이 한계 상황까지 가게 되면 거대한 약점이 드러난다. 현대 세계의 중심 세력은 이 입장을 언제나 극단으로 치닫게 한다. 무비판적인 순응의 입장을 채택할 때 도달하는 최종 지점은, 적합성을 취하려고 손을 뻗다가 결국 흔들려서 현대 세계에 굴복하는 것이며, 그 결과 그리스도에게 불충하게 된다.

이러한 세속성으로의 굴복이 어떻게 발생하는가? 이 과정과 문제들을 분명하게 설명할 수 있다. 적합성에 대하여 칭찬받을 만한 열정으로 시작된 이 입장은 네 단계를 거쳐서 불충과 부적합으로 비참하게 귀결되고 만다. 각 단계를 살펴보도록 하자.

1단계: 가정

무비판적인 순응의 과정은 현대 사상이나 삶의 어떤 측면이 의미가 있기에 인정할 가치가 있다거나, 또는 그리스도인들이 알거나 행하고 있는 것보다 더 우월해서 채택할 가치가 있다고 가정하는 데서부터 시작된다. 이 가정은 곧 기독교 사상과 행동의 필수적인 요소가 된다. 모든 진리는 하나님의 진리이기 때문에, 이러한 생각은 얼핏 보기에 그럴 듯해 보인다.

그러나 단순히 현대적이라는 이유로 아무 생각 없이

가정을 받아들이면 위험하다. 예를 들어, 현대 자본주의는 부를 창출하는 데 있어서 역사상 가장 강력한 엔진이라는 것은 분명하지만, 우리가 어떤 비판도 없이 시장 자본주의의 모든 원리를 받아들여야 한다는 의미는 아니다. 어떤 것에 대한 가정은 - 그것이 자본주의, 과학, 정치, 심리학, 애국심, 패스트푸드, 또는 현대 사회에서 유명인사의 상황에 대한 것일지라도 - 정확하게 인식해야 하고 주의 깊게 살펴야 한다.

2단계: 유기

새로운 가정(1단계에서 설정한)과 맞지 않는 모든 것은 의도적으로 제거되거나 신신히 까까이 늘으로 떨어져 버린다. 이 변화는 전술적이거나 일시적인 것 이상이며, 골프 선수가 어떤 샷을 치려고 특정한 골프채를 선택하는 것과 유사하다. 벙커나 러프에서 공을 치기 위해서 그는 드라이버나 퍼터가 아니라 아이언을 선택한다. 그러나 그는 여전히 모든 골프채를 가방에 넣고 다니는데, 그다음 홀에서는 이전 홀에서 꺼내지 않은 골프채를 사용해야 할지도 모른다.

이 단계에서 일어나는 일은 더욱 극단적이다. 현대의 가정과 잘 맞지 않는 진리나 관습은 신조의 다락에 처박혀 먼지가 쌓여 간다. 그것들은 더 이상 사용되지 않는다. 공격적인 가정이 수정되고 영원히 제거된다. 전술적인 차원에서 시작된 것이 진리의 차원으로 격상된다. 분명히 현대적 가정들은 독단적이다. 전통적인 개념이 유행에 뒤처졌거나, 피상적이거나, 아니면 그냥 틀린 것인가? 사실 아무래도 상관없다. 그것은 잘 맞지 않는 것이며, 그래서 제거될 뿐이다.

신앙의 영역에서 이러한 추세의 현대적인 단계는 18세기에 시작되었지만, 전통을 유기하는 자유주의자들의 전성기는 1960년대였다. 갑자기 세속주의, 세속화, 그리고 세속 도시에 대한 새로운 인식이 초월성을 불편하게 생각하고 내재성을 전적으로 중요하게 여기게 하였다.

낡은 이미지를 버리고 과거의 관행을 대치할 때가 되었다는 인식과 함께, 사람들은 각 의미를 자신들의 입맛에 맞게 바꾸어 버렸다. 그들은 하나님이 '하늘에 계신 할아버지'가 아니라 '존재의 근거'라고 말한다. 기도는 '천상의 쇼핑 목록'이 아니라 명상에 대한 것이다. 기적과 같은 초자연적인 현상은 '라디오와 전기 사용자들'에게는 얼토당토않다. 그들은 '비신화화'되어야 한다. 기존 체제와 베트남 전쟁에 반대하여 목소리를 높이는 좌익 선지자들을 제외하고, "여호와가 이렇게 말씀하셨다"는 것은 현대 자유주의의 대표적인 어구로 대치되었다. "○○을 믿는 것은 더 이상 가능하지 않다!"

1980년대와 1990년대는 복음주의자들의 차례였다. 개신교 자유주의자들이 모든 개념을 열심히 좇다가, 그 과정에서 자신들의 특성, 신뢰성, 그리고 권위를 상실해 버렸는데도 이에 아랑곳하지 않고 복음주의자들 역시 난잡한 연회에 참여하기 시작했다. 갑자기 복음주의자들의 콘퍼런스와 간행물들의 내용이 역사의 부적합성, 전통적인 찬송가와 음악의 낙후성, 전통적인 도덕주의의 완고함, 신학화 작업의 추상화, 성경 주해의 비현실성, 작은 교회의 부적합성, 그리고 치명적으로 용서받지 못할 새로운 죄 - 부적합성 - 에 대한 공격으로 가득 차게 되었다.

무슨 일이 일어난 것인가? 새로운 복음주의자들이

> 새로운 복음주의자들이 과거의 자유주의자들이 되어 가는 과정이었다.

과거의 자유주의자들이 되어 가는 과정이었다. 교회 성장은 '새로운 대지' 위에 서게 되었다. 경영학, 마케팅, 그리고 심리학의 영역에서부터 온갖 현대의 가정들이 아무런 저항 없이 수용되었다.

아이러니하게도, 이러한 경향이 약해진 자유주의자들이 이전에 자신들과 똑같은 잘못을 저지르고 있는 복음주의자들을 안타깝게 지적하는 일까지 일어났다. 예를 들어, 복음주의 목사들은 "강단에서 움츠러들고 대신 사무실에서 CEO가 되었다"고 비판받았는데, 이것은 1960년대에 자유주의자들이 받던 비판이었다. 다른 말로 하면, 설교에서 심리학이 신학을 대신하고, 교회 행정에서 경영학과 마케팅을 왕자의 자리에 앉히면서, 복음주의자들은 이전에 자유주의자들이 저질렀던 것과 똑같은 오류를 범하고 있는 것이다. 성경의 권위에 대한 선언서를 아무리 새롭게 다듬는다고 해도, 성경의 진정한 권위는 사실상 현대 세계의 가정에 의해 잠식당하고 말았다.

3단계: 적응

두 번째 단계가 첫 번째 단계의 논리적인 귀결인 것처럼, 세 번째 단계도 두 번째 단계의 논리적인 귀결이다. 새로운 것을 가정하고, 오래된 것은 유기하며, 그 나머지 것들은 적응시킨다. 다른 말로 하면, 전통적인 신앙과 관습 중에서 남은 것들을 새로운 가정에 잘 맞도록 변경시킨다는 뜻이다. 결국 새로운 가정이 권위를 가지게 된다. 그 가정들이 직장의 새로운 상사처럼 사람들의 생각에 자리 잡으면, 모든 것이 그 상사의 선호도와 관점에 맞도록 재빠르게 변화된다. 유기되지 않은 것들은 원래의 모습을 그대로 유지하지 못한다. 대신 적응한다.

이와 같은 최근의 기독교적 적응의 목록은 길다. 과익 자유주의 진영의 기독교 마르크스주의에서부터 보수적 복음주의 진영의 기독교 마케팅에 이르기까지 넘쳐난다. 성공의 정도 역시 다양하다. 두 번째 단계와 마찬가지로, 세 번째 단계는 그 자체로 평가할 때는 논리적으로나 신학적으로 잘못되었다고 말할 수 없다. 적응성은 모든 초문화적 전환에 필수이며, 역사적으로 기독교 신앙은 신실함을 동반한 적응성에 있어서 타의 추종을 불허한다.

확실히 기독교 역사는 건설적인 적응의 예들로 가득 차 있다. 19세기에 허드슨 테일러는 중국 내지 선교회를 설립하여, 다른 서구인들처럼 조약을 맺은 항구에서만 복음을 전하지 않고 직접 중국 내지로 들어가 유럽인들을 놀라게 하였다. 성육신을 모범으로 삼고 복음을 타협하지 않으면서, 그와 동료 선교사들은 할 수 있는 한 중국인처럼 되려고 노력하였다. 그들은 중국 표준어뿐만 아니라 지방 방언도 배웠고, 중국옷을 입었으며, 적절하다고 생각될 경우에는 언제나 중국의 관습을 채용하였다. 내가 좋아하는 사진 중 하나는 가난한 사람들은 물론 황족도 치료하는 의사였던 나의 할아버지 사진인데, 할아버지는 사진 속에서 만다린 스타일의 수수한 가운을 입고 중국식 변발을 하고 계셨다.

이 단계의 문제점은 그리스도인들이 너무 앞으로 나아갈 때 발생한다. 즉 어떤 시대와 문화의 관습과 가정들이 아무 생각 없이 받아들여져서, 전통적인 기독교 가정들의 권위를 대신하게 될 때이다. 이러한 상황은 마지막 네 번째 단계로 향하게 된다.

4단계: 동화

네 번째 단계는 앞의 세 단계의 논리적인 귀결이다. 현대적인 것이 가정된다(1단계). 그 결과로 어떤 전통적인 것들이 유기되고(2단계), 나머지 것들은 적응된다(3단계). 적응될 뿐만 아니라 현대적 가정에 의해 흡수되어 버린다. 어떤 중요한 잔여물도 없이 모두 동화된다. 결과적으로 세속화, 또는 그 시대의 문화의 한 측면에 항복하는 것이다. 교회는 더 이상 선교사가 아니며, 외래문화나 외래 사상 속에서 '원주민과 같은 모습'을 한다.

동화에는 두 가지 주요 형태가 있다. 하나는 현대 사상에 동화되는 것으로, 기독교 자유주의가 그 대표적인 모습이다. '복음에 대한 지성적인 멸시자'들에게 다가가려는 훌륭한 목표를 세웠던 18세기의 프리드리히 슐라이어마허Friedrich Schleiermacher로부터, "새로운 세계에는 새로운 기독교"가 요청된다는 구호 아래에 정통 기독교를 뻔뻔스럽게 유기해 버렸던 현대의 미국 성공회 주교들에 이르기까지, 그 전개는 분명하다. 그 결과도 마찬가지이다. 자신들이 교회의 지도자들이라고 주장하지만 지난 2,000년 동안 정통 교회가 믿어 왔던 것을 거의 믿지 않는 세속화와 이단, 심지어 우상 숭배를 배양해 왔다.

다른 말로 하면, 극단적인 자유주의가 주장하는 것은 지속적인 충성의 계승과 그 시대의 철학적이고 문화적인 가정들과의 비현실적인 사건에 관한 이야기뿐이다. 그 시대의 주류 사상을 이해하면, 자유주의가 심취하고 있는 것을 이해할 수 있다. 왜냐하면 꼬리가 개를 따라다니는 것처럼 신학이 철학을 따라가고 있기 때문이다. 결국 오늘날의 첨단 유행을 따르는 교회 지도자들의 기괴하고 기형적인 모습처럼, 기독교 복음은 다 사라지고 오직 현대 철학만 남아 있으며 - 기독교 교회의 리더와 기독교 신앙의 옹호자라는 이름으로 이렇게 한 것이다 - 오직 종말의 '거짓 목자'만 남아 있을 뿐이다.

오래전에 예루살렘의 선지자 이사야는 그 시대의 거짓 선지자를 유다 사회의 "꼬리"라고 비판했었다. 그들은 그냥 뒤에 있게 된 것이 아니다. 개를 따르는 꼬리이기 때문에 뒤에 있는 것이다. 참 선지자를 규정하는 권위 있는 하나님의 말씀이 결여된 거짓 선지자들은 그들이 반영하고 있는 문화의 포로에 불과하다. 그들은 유명하고, 흥을 돋우며, 마음을 달래 주고, 유행을 따르며, 그리고 완전히 거짓된 자들이다. 오늘날의 세계

> 참 선지자를 규정하는 권위 있는 하나님의 말씀이 결여된 거짓 선지자들은 그들이 반영하고 있는 문화의 포로에 불과하다.

에서 꼬리를 흔드는 자세는 신조의 차원으로까지 격상되었다. 1966년에 세계교회협의회WCC는 괴상한 견해를 채택하였다. "세상이 교회를 위한 의제를 설정해 주어야 한다."

많은 자유주의자는 이러한 동화에 대한 비판을 분개하면서 반박할 것이다. 그러나 증거는 명백하다. 무엇보다도 선배들에 대한 사신들의 부정적인 평가에 그 증거가 나타나 있다. 그들은 무엇을 비판하였는가? 선배들이 그 시대의 철학적이고 문화적인 가정들을 무조건 집착한 것을 비판하였다. 예를 들어, 19세기 교회사가인 아돌프 하르나크Adolf Harnack의 예수에 대한 견해는 이런 식으로 기각되어 버렸다. "하르나크가 이해한 그리스도는 … 깊은 우물 바닥에 비친 자유주의 개신교적 얼굴의 영상에 불과하다." 20세기 초에 알버트 슈바이처

Albert Schweitzer의 자유주의에 대한 비판도 비슷하다. 현대 신학은 "역사를 모든 것과 섞어 버려서, 자신의 사상을 발견하는 기술을 자랑하는 것으로 귀결되었다."

그렇게 해서 나타난 모습은 참으로 씁쓸하다. 과거 학문의 여왕이었던 신학이 권좌를 잃고 현대 사상의 고급 양장점에서 모델 노릇을 하면서 먹고살 것을 벌고 있다. 대개 최고의 유럽 고급 양장점이 매 시즌의 유행을 결정하고, 그 유행은 왔다가 가듯이 철학도 그렇다. 자유주의의 불행한 과업은 여인들의 새로운 유행을 천박하게 복제하고 대량 생산하는 것이다. 오늘날 이교 신앙, 자유로운 성, 성 정치학의 격렬한 표현을 지지하는 세속적인 옹호자들은 개신교 자유주의의 극단에 있는 자들에 대해 오스카 와일드Oscar Wilde의 유명한 풍자로 응답할 것이다. "나는 당신을 따르기만 하지 않는다. 나는 당신을 앞서 간다."

지금까지 살펴보았듯이 동화의 첫 번째 형태는 현대 사상이다. 그리고 그다음 형태는 현대적 행습이다. 복음주의자들의 마지막 세대가 이것을 분명히 보여 주었다. 이 세대는 미래에 대한 기대로 활기차다. '다가오는 교회'와 '새롭게 출현하는 교회'가 가장 중요한 이슈가 되었다. 재창조, 교정, 혁신, 차용, 혼합, 그리고 실험을 통해서 새로운 방식으로 '교회를 하는 것'에 대하여 여기저기서 의견을 모은다. 이제는 모든 것이 '의도적'이고 '계획적'이어야 한다. 목회자는 더 이상 신학적인 권위자가 아니라 '우두머리 이야기꾼'이고 '영적 연합 순례의 조력자'이다. '세상에 적응'을 못 하는 '역기능적인 교회'는 '가치 진술'을 명확하게 언급하고 '측정 가능한 결과'를 미리 분명히 예측하는 등, 수많은 '의도적인' 방식으로 '현세대를 위해서 재창조'되어야 한다. 마치 교인들이 '음악 시장의 특정한 틈새'이거나 인구학적 조사에서 새롭게 발견된 엄매인 것처럼 음악과 예배가 청중을 위해 고안된다.

그러나 이 모든 움직임 속에서 이러한 지식에 필적하는 기도는 어디에 있는가? 재창조되고 있는 교회는 우리의 것인가, 아니면 하나님의 것인가? 교회의 머리가 말할 여지가 있는가, 아니면 컨설턴트가 최종적인 발언권을 가지고 있는가? 우리가 믿는 것에서부터 도출되는 '교회를 하는 방식'이 교회의 존재가 되어야 하지 않는가? 교회가 이전 세대에 의해 처음으로 고안되었기 때문에, 그것을 다시 창조하는 것이 우리의 과업인가, 아니면 교회에 진정으로 필요한 것은 오직 하나님으로부터만 올 수 있는 부흥과 개혁인가?

어떤 사람들은 지난 수십 년 동안 베이비붐 세대의 기호에 따라 교회를 재창조하는 데 열정적으로 헌신했다. 또 다른 이들은 이제 그것이 한물갔다고 선언하면서, 더 젊은 세대의 환심을 사려고 동일한 열정으로 그 과업을 수행하고 있다. 그러나 이 모든 사람을 연결해 주는 원리는 같다. 진정한 교회는 적합한 교회이며, 적합한 교회는 시대에 맞는 교회이고, 시대에 맞는 교회는 청중과 조화를 이룬 교회라는 것이다.

담대한 새 복음주의자들이 이 모든 조류에 대항하여 민첩하게 항로를 바꿀 수 있을 것인가? 혹은 그들의 노력은 이전에 자유주의자들이 그러했듯이 배신의 문화로 퇴보할 것인가? 후자를 지지하는 징후가 나타나고 있다. 지도자들의 족벌주의와 목회자들의 포르노 사건과 같은 복음주의적 세속성의 우울한 실례들에서 경고의 벨소리가 울리고 있다. 그러나 현재 전반적인 추세는 명백하다. 성경의 권위를 높이는 최근의 모든 고결한 선언서에도 불구하고, 복음주의 공동체의 상당수가 역사적인 전환을 이루었다. 그들은 오직 성경Sola Scriptura 에서부터 오직 문화Sola Cultura로 권위를 이전하였다.

> 복음주의 공동체의 상당수가 오직 성경(Sola Scriptura)에서부터 오직 문화(Sola Cultura)로 권위를 이전하였다.

문화가 결정적인 것이며 회중이 기독교 교회 안에서 주권적인 존재인가? 절대 그렇지 않다. 하나님께서 그것을 금하신다. 고객과 소비자가 자유 시장 기업 입장에서는 왕일 수 있다. 주주를 섬기는 것이 기업의 경영자들에게는 의무일 수 있다. 그러나 그리스도의 교회는 시장 선체주의의 주권 아래에 있지 않다. 심지어 자본주의가 왕, 교황, 그리고 황제가 모두 합쳐진 존재인 미국에서조차도 말이다. "이것이 여호와의 말씀이니라"라고 선포하는 선지자에서부터, "제가 여기 서 있습니다", "하나님, 저를 도와주소서. 그렇지 않으면 저는 아무것도 할 수 없습니다"라고 고백하는 종교개혁가에 이

> 문화가 결정적인 것이며 회중이 기독교 교회 안에서 주권적인 존재인가? 절대 그렇지 않다.

제3장 불가능한 입장

르기까지, 청중이 아니라 메시지가 언제나 주권을 쥐고 있으며, 문화는 그리스도와 그분의 나라에 대항하여 언제든지 일어날 수 있는 잠재력을 가진 세상인 것이다. 이와 다르게 생각하며 사는 것은 자유주의의 고전적인 오류를 답습하는 길이고, 그것이 나타내는 세속성, 부적합성, 그리고 영적 간음에 구애를 보내는 것과 같다.

우리는 이렇게 잘못된 접근법의 신학적이고 역사적인 의미를 진지하게 고민해 보았는가? 개신교 자유주의의 자해적인 상처 이야기로부터 건전한 교훈을 배웠는가? 개신교 자유주의의 배신자들과 수정주의자들의 합작으로 기독교 교회가 서구에서 입지를 잃었다고 말하는 것은 과언이 아니다. 또한 다른 신들을 하나님 앞에 두는 이러한 신자들과 다른 신들을 하나님 옆에 두는 얄팍한 신앙을 가진 재해석자들이 오늘날 서구에서 기독교 복음의 세력을 잃게 한 주요한 원인이다.

재해석이 깊어질수록 상실은 점점 커진다. 아래 네 개의 부분에서 특히 그러하다.

첫째, 용기의 상실이다. 재해석은 언제나 한쪽 방향

으로만 간다.

둘째, 연속성의 상실이다. 희석된 신앙은 세대를 거쳐서 우리에게 전해진 부모들의 신앙이 아니다. 그것은 다른 신앙이다.

셋째, 신뢰성의 상실이다. 사려 깊은 사람에게 믿으라고 권할 만한 믿을 거리들이 거의 없어지고 있다.

그리고 마지막으로, 정체성의 상실이다. 어떤 유명한 무신론 철학자가 그 시대의 약화된 자유주의에 대해 이렇게 말했다. "그럴 때 신조는 옆집의 무신론자도 믿는 것과 동일한 것을 말하는 것이 되어 버린다."

19세기의 덴마크 철학자인 키르케고르Kierkegaard가 날카롭게 질책한 것처럼, 이와 같은 믿음이 없는 신자는 "키스하는 유다"와 같다. 유다는 예수를 배반하면서도 그를 포옹하는 체하는 자였다.

C's Greatness
Prophetic Untimeliness

04
속박에 대한 경고의 울림

유럽의 민주주의가 약화되어 전쟁으로 흘러가고 있었던 1930년대에 윈스턴 처칠은 경고의 소리를 발하는 알렉산더Alexander 대왕의 말을 인용하곤 하였다. "페르시아인들은 'No'라는 말을 할 줄 몰랐기 때문에 언제나 노예가 된 것이다." 'No'라고 말할 수 있는 독립적인 사고, 항의, 거부, 저항, 그리고 용기는 무언가 잘못된 것을 보고 기꺼이 일어나서 행동을 취하는 초소병에게 필수적이다. 그러나 우리는 저항의 자세로 전투태세를 취하기 위한 이와 같은 자질들을 갖추려면 길고도 느린 과정이 수반된다는 사실을 때때로 잊어버린다.

그것은 2차 대전 중 프랑스의 저항운동에서도 마찬가지였다. 드골Charles de Gaulle 대령(후에 장군, 대통령이 된)은 1940년 7월 런던의 BBC 방송국에서 '자유 프랑스'의 이름으로 유명한 4분 분량의 동원 호소문을 낭독하였는데, 그의 연설 속에는 갑자기 행동으로 나타나기를 기다리고 있는 저항운동이라는 개념은 없었다. 나치의 침공에 그렇게 빨리 무기력하게 항복했다는 사실에 모욕감을 느끼고, 구차하게 타협했다는 자괴지심에 빠져 있고, 사기가 저하된 프랑스 국민은 영웅적 행동을 할 상태가 아니었다. 제3공화정의 위대한 구호인 "자유, 박애, 평등"의 평판이 땅에 떨어졌으나, 그것을 대체할 것은 아무것도 없었다. 드골의 지지자들을 지칭하는 단어인 '드골파'는 '불충성'과 거의 동일한 뜻이었다. '조국'은 프랑스가 아니라 국제 공산주의를 의미하는 것으로 좌익에 의해서 사용되었다.

저항과 비슷한 생각은 독일인에 대한 '거부'를 높이자는 초기의 흔하지 않은 언급과 '비밀 군대'를 양성하자는 더 흔하지 않은 언급들에서만 나타났을 뿐이었다. 간단히 말해서, 영웅적 행동과 그 뒤의 강력한 프랑스 저항운동에 대한 용기와 마키단(2차 대전 당시 프랑스의 반독일 유격대원)에까지 이르는 길은 길고 구불구불하며 울퉁불퉁했다.

오늘날의 교회 개혁에서도 마찬가지이다. 서구 사회 전반에 걸쳐서 현대 세계의 도전에 대항하는 길고 지속적인 투쟁에 대하여 두드러지게 열정적인 모습은 거의 보이지 않는다. 몇몇 드문 예외적인 경우를 제외하고 유럽의 교회들은 프랑스가 나치에 굴복한 것처럼 현대 세계의 승리에 항복하였고, 동일하게 타락과 분열의 결과를 낳았다.

> 서구 사회 전반에 걸쳐서 현대 세계의 도전에 대항하는 길고 지속적인 투쟁에 대하여 두드러지게 열정적인 모습은 거의 보이지 않는다.

그리고 미국의 많은 교회의 지성인들도 마찬가지이다. 분명하게 기독교적으로 보였던 현대 세계에 지속적이고 단호한 대응을 할 것을 진지하게 고려한 지도 수십 년이 흘렀다. 하지만 앞 장에서 보았듯이, 현대성을 모방하는 기독교 언어를 사용하는 것이 많은 기독교 사상가들이 사람들의 주의를 끌 수 있는 최선의 방법이었다.

교인 수가 여전히 놀라울 정도로 많고, 헌신도가 여

전히 강력하며, 부와 능력이 아직도 약해지지 않고 있는 평신도 차원의 신앙의 중심부는 어떠한가? 안타깝게도 이곳의 상황은 근시안적이다. 많은 사람이 개인화된 신앙과 부유한 하위문화 속에서 자기만족에 빠져 있거나, 자신들의 부적합성을 치료하기 위해서 사용하는 도구들이 오히려 문제를 더 악화시키고 있음을 의식하지 못한다.

오늘날 서구 교회에 절실히 요청되는 점은 개혁과 부흥, 그리고 현대성의 바벨론 유수로부터의 단호한 해방이다. 다른 말로 하면, 예수의 제자들에게 필요한 것은 독립적인 사고와 순결한 삶을 방해하는 현대 세계의 세력으로부터 자유로워지는 것이다. 우리의 심층적인 필요는 세상의 요동에 의해서가 아니라 우리의 믿음에 의해 형성되어야 한다.

> 오늘날 서구 교회에 절실히 요청되는 점은 개혁과 부흥이다.

본서는 그러한 속박의 한 가지 측면 – 현대적 시간 개념의 압박에 포로가 된 모습 – 만을 다룰 뿐이다. 그러나 이 요소는 현대 세계의 전반적인 속박의 한 본질이며, 이것이 다른 측면들과 어떻게 결합되어 있는지 살펴볼 가치가 있다.

특히, 우리는 오늘날 문화적 속박의 세 가지 세력(경고음)에 저항해야 한다. 그것들은 밀접하게 관련되어 있고 서로 겹치기도 하면서, 우리 그리스도인들이 현대 세계에서 반드시 자유로워져야 할 바벨론 유수의 주요 부분을 형성하고 있다. 우리의 현대적 시간 개념의 중심부로부터 자라난 세 번째 세력은 본서에서 특별히 주의를 기울이는 부분이며, 전력을 다해 저항해야 하는 것이다.

사람들의 생각과 행동에 동조

문화적 속박에 대한 첫 번째 경고음은 동조, 즉 사람들이 나를 끌어들이는 힘이다. 이는 인간의 사고에 있어서 언제나 위험했지만, 다른 사람들의 생각과 행동에 동조하고자 하는 유혹은 민주주의 시대에 더욱 증가되었다. 1835년에 『미국의 민주주의』*Democracy in America*에서 토크빌Alexis de Tocqueville은 이렇게 경고했다. 민주주의 시대의 분위기는 만연한 개인주의만큼 대중의 횡포로 쉽게 이끌릴 수 있다.

브라운슨Orestes Brownson이 비슷한 시기에 지적했듯이, 이런 일이 일어나게 되면 우리는 왕의 신적인 권위를 똑같이 잘못된 대중의 신적인 권위로 대치하는 잘못을 범한다. 왜냐하면 대중의 목소리로서의 공중의 견해는 왕, 대통령, 그리고 종교 지도자의 목소리보다 오류가 적지 않다. 어떤 것도 신성불가침의 영역은 없고, 이 모든 것은 도전에 직면해야 한다. 그러나 우리에게는 오늘날의 큰 위험인 대중의 견해의 힘이 가장 위협적이다.

이와 같은 경고들은 그 어느 때보다 지금 더욱 필요하다. 지금 우리는 '자기 지시'의 사회로부터 '타인 지시'의 사회로 전환되고 있다. 이것이 바로 우리의 동료, 매체, 여론조사, 핵심 그룹, 그리고 마케팅의 인구학적 조사 결과가 가진 정확성의 힘이다. 우리의 견해와 윤리는 부모, 양육자, 그리고 자신의 양심의 확신에 의해 우리 안에 심어진 척도에 의해서가 아니라, 다른 사람들을 의식함으로써 형성된다.

우리의 할아버지와 할머니들이 마치 자이로스코프

(항공기나 선박 등의 평형 상태를 측정하는 기구)를 삼킨 것처럼 살았다면, 우리는 마치 갤럽 조사를 삼킨 것처럼 생각하고 행동한다. 우리의 사고는 너무 쉽게 '그룹 사고'가 된다. 그룹 사고는 비판적인 사고가 아니라 합의에 대한 열망으로 형성된다.

> 우리의 할아버지와 할머니들이 마치 자이로스코프를 삼킨 것처럼 살았다면, 우리는 마치 갤럽 조사를 삼킨 것처럼 생각하고 행동한다.

세속 세계에서 이러한 경향의 정점은 '정치적 공정성'의 등장이었다. 왜냐하면 진리의 중요성이 쇠퇴하게 되면, 독립적인 사고, 토론, 그리고 논쟁도 쇠퇴한다. 그렇게 되면, 쇠줄이 가장 강력한 자석에 자연적으로 이끌리는 것처럼, 대중의 의견도 그 방 안에 있는 가장 강력하고 유행하는 견해로 자연스럽게 기울게 된다. 그 결과는 정치적 공정성, 또는 강력하고 유행하는 견해에 대한 비열한 동조이다.

그러나 우리 믿음의 사람들은 돌을 던지지 말아야 한다. 교회 안에도 신학적 권위의 망토에 의해 부풀려져서 유일한 현재의 견해가 되는 '신학적 공정성'의 형태들이 존재한다. 이와 같은 '신학적 공정성 운동'은 신학적으로 전혀 옳지 않다.

물론 동조가 반드시 나쁜 것만은 아니다. 우리가 무엇에 동조하는지에 따라 다르다. 동조와 같은 형식의 용어는 체면이다. 도덕(그것이 옳다는 것을 알기 때문에 덕을 행하는 것)은 체면(남들에게 보여지기 때문에 덕을 행하는 것)보다 낫다. 그러나 체면이 위선(나쁘게 보이는 것이 두려워서 덕을 행하는 것)보다는 더 나으며, 위선은 사악함(어떤 종류의 덕을 행하는 체하는 것조차도 완전히 포기하는 것)보다 더 낫다.

이런 의미에서, 17세기에 유명한 격언들을 많이 언급한 프랑스의 작가 라 로슈푸코La Rochefoucauld는 위선을 악이 덕에게 지불하는 공물이라고 진술하였다. 그러나 위선이 사악함보다 낫고, 체면이 위선보다 낫지만, 진정한 덕이야말로 가장 최고의 가치이다.

물론 독립적인 사고가 진정한 덕의 핵심 부분이다. 사실, 독립적인 사고는 찬동하는 사고의 타락이 동조로 몰락해 가는 것을 막고, 체면이 위선으로, 또한 사악함으로 미끄러져 가는 것을 막는 것이다.

인정에 대한 열망

문화적 구속에 대한 두 번째 경고음은 인기, 즉 인정의 강하게 끄는 힘이다. 이 형태의 구속은 첫 번째 것과 밀접한 관련이 있으며, 다른 요소들이 동조로 이끄는 작용을 하는 것을 강화시킨다. 다시 한 번 민주주의적 경향의 틀을 찍어 내는 힘을 생각해 보라. 에이브러햄 링컨 Abraham Lincoln의 "국민의, 국민에 의한, 국민을 위한" 정부는 분명히 민주주의의 이상적인 견해이며, 토크빌의 '대중의 횡포'는 그것의 타락한 형태이다.

존 루카치는 오늘날 우리의 상황이 대중의 횡포의 위험으로부터 대중의 이름으로 소수가 지배하는 위험으로 움직이고 있다고 설명한다. "중요한 것은 사람들이 원하는 것이다. 사람들은 자기들이 무엇을 원하는지 모른다. 전문가들은 사람들이 원하는 것이 무엇인지 안다. 사람들은 자신들이 무엇을 원하는지 전해 듣게 된다. 사람들은 들은 것을 원하게 된다."

인기와 인정에 대한 열망은 이러한 발전의 강력한 세력이다. 그래서 민주주의의 선거는 점차로 인기 경연장, 더 나쁘게는 선전 경연장이 되어 가고 있다. 인정의 유혹에 대해서 우리가 조사한 모든 것이 여기서 다시 나타나지만, 그러나 다른 요소들도 작용한다. 예를 들어, 그중 한 가지는, 치유법 혁명의 승리와 인정에 대한 탐욕스러운 굶주림으로 쉽게 변해 버리는 자존감에 대한 강조이다. 또 다른 것은, 정체성 정치학의 등장과 인정을 열망하는 사람들로 구성된 그룹의 지위에 대한 강조이다.

> 우리는 모두 사랑을 받기 원한다. 모두 좋은 평판을 듣기 원한다. 모두 거부보다는 인정을 선호한다.

이러한 분위기에서 우리는 모두 사랑을 받기 원한다. 모두 좋은 평판을 듣기 원한다. 모두 거부보다는 인정을 선호한다. 우리는 모두 스스로 그럴 만한 가치가 있다고 생각하는 대로 인정과 대우를 받을 자격이 있다고 느끼며, 그러한 일이 일어날 가능성을 극대화하기 위해 산다.

그렇다면 인정에 대한 열망이 현대 사회의 주요한 동력이다. 우리의 소비자적인 선택에서부터 의사 표현과 우리가 배우자와 신앙을 선택하는 데에 이르기까지,

인정에 대한 갈망은 현대인으로서의 우리의 생각과 행동과 전혀 다르지 않다. 한 명의 청중, 즉 유일한 청중의 인정을 구하는 대신, 우리는 무너져 내리는 모랫더미와 같은 대중의 의견에서 인정을 구하고 있다.

시대성의 유혹

문화적 속박의 세 번째 경고음은 유행성, 즉 부패한 시대성이나 왜곡된 적합성의 흡인력이다. 서론에서 강조했듯이, 적합성 그 자체가 문제가 아니라, 유행 추구, 하찮음, 일시성으로 빠져드는 왜곡된 적합성이 문제인 것이다. 여기서 현대적 시간 개념의 유혹이 가장 강력하고 치명적으로 작용한다.

미래에 대한 광기

19세기는 놀랄 만한 변화의 세기였다. 그 시기에 인간 역사에서 가장 위대하고 중요한 변화가 일어났는데, 이는 20세기를 능가했다. 그러나 테니슨의 표현처럼 19세기의 주요 반응은 "과거의 열정"이었던 반면에, 변화에 대한 20세기의 반응은 소설가 밀란 쿤데라Milan Kundera가 명명한 대로 "미래에 대한 홀림"이었다.

미래에 대한 현재의 열정은 미래에 대한 병적 집착 또는 미래의 광기로 불려 왔다. 이러한 광분에 사로잡힌 자들에게 과거는 메마르고, 먼지 나고, 동떨어진 것이며, 목에 걸려 있는 골칫덩이에 불과하다. 그들에게 미래는 밝게 빛나면서 우리에게 달려오며, 숨 막힐 정도로 매력적이고, 기술적으로도 더 이상 그럴 수 없을 정도로 뛰어나다.

우리는 PR 마니아들이 용솟음치는 열정으로 "미래는 역사이다"라고 외치는 소리를 듣는다. "미래는 다가왔다." "우리와 함께하라, 그렇지 않으면 뒤처진다." 시대의 정신을 표현하는 이와 같은 슬로건을 보고, 루카치는 인간으로서 우리의 최고 목적은 다가오는 미래의 소문난 영광을 환영하는 "접대 위원"이 되는 것이라고 냉담하게 비꼬았다.

기독교 교회는 이러한 열광에 다른 누구보다 더 깊이 사로잡혀 있다. 과거는 핵심을 벗어나 있고, 낙후되었으며, 반동적이고, 정체된 것으로 비쳐진다. 거부를 나타내는 오늘날의 가장 적절한 용어로 표현한다면, 과거는 부적합한 것이다. 예배에서부터 전도에 이르기까지 기독교적인 모든 것은 신선하고, 새롭고, 현대적이고, 기호에 맞고, 매력적이고, 구도자 중심이고, 청중 친화적이고, 절대적으로 적합하고, 또 적합하고, 또 적합해야 한다. '완전히 새로운', '필독해야 하는', '전편보다 더 나은 후편'과 같은 정신 상태가 만연해 있으며 결과적으로는 기독교 교회를 좀먹고 있다.

적합성을 추구한 결과

우리가 끊임없이 적합성을 추구한 결과가 무엇인가? 다섯 가지로 생각해 보자.

첫째, 그리스도인들이 시대성을 추구한 것의 대부분은 하찮은 것이 되어 버렸다. 열정적으로, 그러나 무차별적으로 시대의 풍조를 따라갔던 많은 기독교 지도자들이 유행의 꽁무니나 좇는 자들이 되고 말았다. 그들은 새로운 것에 사로잡혀서 신제품만을 생산해 냈다. 새로운 흥분거리에서 또 다른 흥분거리로 비틀거리며 왔다 갔다 하다가 녹초가 되었다.

복음주의자들은 한때 '진지한 사람들'로 알려졌었다. 그러나 오늘날 많은 복음주의자가 가장 피상적인 종교인(경박한 생각, 거미줄처럼 가벼운 신학, 설교와 삶에 대한 대응에 있어서 가냘픈 영성의 열정적인 옹호자)이 되었다는 것은 슬픈 일이다. 숨 막힐 것 같은 흥분으로 시작했던 일이 숨도 못쉴 정도로 지친 상태로 끝났다.

> 복음주의자들은 한때 '진지한 사람들'로 알려졌었다.

둘째, 시대성을 추구하는 과정에서 어떤 기독교 대변인들은 현혹시키는 자들로 전락했다. 그들은 그들이 전해 줄 수 있는 것보다 더 많은 것을 약속하고 다녔다. 조지 오웰이 말했듯이, 미래주의는 "우리 시대의 심각한 정신병자들이다." 이들은 사이비 과학자처럼 현재의 풍조를 취해서 그것을 미래에 투사한 다음, 그 결과로 얻어진 것이 예언인 것처럼 꾸민다. 미래학자 존 나이스비트John Naisbitt는 자신이 미래학자나 선지자가 아니라 "현재학자"라고 솔직하고도 정확하게 인정했다. '목사-미래학자'라는 새로운 종족도 그렇게 솔직하게 말할 수 있다면 얼마나 좋으랴!

셋째, 적합성에 대한 그리스도인들의 최근의 추구는 너무나 자주 일시적인 것에 그쳤다. 19세기 후반에 니체는 독일인 신학자 다비드 슈트라우스David Strauss를 경멸적으로 무시하면서 이렇게 언급했다. "그는 우리 시대에 단 2시간 동안만 유명해지는 데 성공했다." 니체의 이 언급은 단 15분 동안만 유명해지는 사람들에 대한 앤디 워홀Andy Warhol의 지적보다 훨씬 앞선다. 니체는 변화를 갈망하는 현대인의 집착으로 인해 '영원의 견지에서'라는 전통적인 인간의 관점이 '2시간의 견지에서'로 바뀌었음을 깨달았다.

적합성에 대한 끊임없는 추구는 오직 일시성과 소진으로 이끌 뿐이다. 오래전에 런던 세인트 폴 대성당의 잉게Inge 수석 주교는 최신 유행을 따라가는 수많은 교회 지도자들의 묘비명이 될 수도 있을 만한 말을 남겼다. "이 시대의 정신과 결혼하는 자는 곧 홀아비가 될 것이다." 위대한 예술

> 이 시대의 정신과 결혼하는 자는 곧 홀아비가 될 것이다.

작품과 같이 지속성이 있는 믿음은 오늘의 유행보다 더 높은 기준에 응답하는 믿음이다.

넷째, 적합성에 대한 그리스도인의 추구는 단기적으로는 매우 이익이 나기 때문에, 우리는 세일즈맨의 지침과 그의 최종 기준선을 현명하게 잘 살펴보아야 한다. 수많은 세미나의 행상들은 이렇게 외친다. "미래를 만날 준비를 하라. 그렇지 않으면 그것에 추월당할 것이다!" 다른 말로 하면, 끝도 없이 많은 전문가, 전문 지식인, 그리고 컨설턴트와 권위자들이 아이디어 전문 행상인과 우리 시대의 세속 선지자로 자리 잡았다. 그들이 일단 유명세를 얻고 나면, 그들은 모든 주제에 관하여 언급을 하고 모든 경우에 그 언급이 인용된다.

권위자 중 상위 집단에 속한 자들은 세계적인 권위자라고까지 불린다. 그들은 관련 지식이나 겸손함이 없이 무엇이나 또한 어떤 것에 대해서도 말할 수 있는 능력을 가진 지식인들이다. 이들에게 배우려고 돈을 내고 학원에 등록한다면, 당신은 지평선 너머의 세계에 대한 비밀을 얻게 되며, 모든 경쟁자보다 우월한 지위를 확보하고, 돈으로 살 수 있는 최고의 통찰력으로 확신 있게 미래를 대면하는 방법을 알게 될 것이다. 한마디로 말해서 미래에 정통한 자가 될 것이며, 직접 접촉하고 있고 정보를 능숙하게 다루는 리더들과 같이 강한 자기 확신으로 앞으로 다가오는 것을 대처할 수 있게 될 것이다.

마지막으로 다섯째, 적합성과 미래에 대한 최근의 기독교의 집착은 너무나 자주 도덕적이고 지성적인 비겁함으로 흘러간다. 진보의 권력과 최신의 것에 대한 유혹에 도전하기를 두려워하고, 멋지고 새로운 미래의 도래를 지연시키는 것을 두려워하여, 우리는 옳지도 않고 현명하지도 않고 지속적이지도 않다는 것을 마음속으로 이미 알고 있지만 입술을 깨물면서 힘없이 함몰해 들어간다. 이 상황은 프랑스 작가 샤를 페기Charles Peguy가 한 세기 전에 기록한 것과 같다. "어떤 비겁한 행동이, 새로운 것을 충분하게 따져보지 않으려는 두려움에서 유발되었다는 사실은, 결코 알려지지 않을 것이다."

문화적 속박에 대한 다른 두 가지 경고음(세력)과 마찬가지로, 우리가 저항하고 경계하지 않는다면, 유행성(시대성)의 유혹은 손쉽게 우리를 절망에 빠뜨릴 수 있다.

이제 제3부에서는 신실함을 추구할 때 치러야 하는 대가뿐만 아니라 진정한 유익에 대해서 살펴볼 것이다.

제3부
아르키메데스 점을 회복하라

Os Guinness
Prophetic Untimeliness

05
신실함의
대가

프랑스의 어느 레지스탕스 지도자가 그의 부하들이 그렇게 영웅적인 모습이 된 사실을 어떻게 설명할 수 있는가 질문을 받은 적이 있었다. 그는 잠시 생각하더니 대답했다. "우리는 영웅적이지 않습니다. 우리는 다만 무엇인가가 심각하게 잘못되었다는 것을 알 정도로 환경에 적응이 안 된 자들입니다." 그의 대답은 부하들이 동료 시민들과 떨어져 나와서 나치와 대결을 펼칠 수 있도록 용기를 북돋아 준 관점을 드러낸다. 또 다른 측면에서는 이 상황 뒤에 놓여 있는 고통도 드러내 준다. 그러나 그의 관점과 고통은 서로 연결되어 있다. 즉 관점의 유익을 준 입장은 고통의 짐을 가져다준 것과 같은 입장이다.

이러한 가혹한 교훈은 역사의 페이지에 자주 등장하는, 주목을 끌지 못하는 전령의 무용담에서 빠지지 않는 부분이다. 그중 가장 유명한 두 사람 곧 예레미야와 세례 요한이 대중에 대한 경고라는 장르에 그들의 족적을 남겼다. 우리가 '애가'에 관해 말할 때마다 눈물을 흘리는 선지자에게 경의를 표하는 것이며, '광야에서 외치는 소리'를 이야기할 때마다 우리는 유대 광야에 있는 사람에게 뒤늦은 찬사를 보내는 것이다.

그러나 이와 같은 표현에 대한 현대적 용법은 이러한 전령사들이 주목을 끌지 못하는 이유를 잘 보여 준다. 애가는 고발과 비탄의 예술 양식이 되었다. 이 단어를 사용한다는 것 자체가 사실상 그 안에 담긴 주장을 무시하는 것이다. 우리는 "그것은 단지 '애가'일 뿐이야"라고 말한다. 여기에는 다음과 같은 의미가 들어 있다. "상황은 과거의 모습 그대로 있지는 않아. 그렇다면 무엇이 새로운 것일까?" "또 저 심술쟁이 노인네가 불평을 늘어놓는군. 그런데 왜 저러는 거지?" 현대 세계에서는 경고를 심각하게 받아들이는 것은 쓸데없는 짓이라고 생각한다.

확실히, 우리가 어떤 사람을 '광야에서 외치는 소리'라고 지칭할 때 마지못해서 그렇게 표현하기도 한다. 그러나 이 표현은 긍정적으로는 대부분 때늦은 지혜를 나타낼 때 사용되며, 종종 광야에 남아 있는 것이 더 나은 사람을 지칭할 때 사용된다. 이 말은 거칠고 천하며, 성가신 존재, 주의를 기울일 만한 가치가 없는 사람을 의미한다.

우리 세대에서 주의를 끌지 못한 전령사 격인 인물은 1978년에 하버드 대학 졸업식 연설에서 '분열된 세계'라는 제목으로 서구 세계에 경고를 발한 알렉산드르 솔제니친Alexandr Solzhenitsyn이 대표적이다. 연설 이후 '악으로 경도된 자유'와 같은 문제에 대한 그의 강조가 충분히 정당했음을 세월이 보여 주었지만, 공산주의에 대항한 것으로 치켜세워졌던 그 사람은 자유주의에 대항한 부분에서는 별로 인정을 받지 못했다.

그러나 의심할 것도 없이, 20세기의 위대한 예는 1930년대에 '광야의 세월'을 보낸 윈스턴 처칠인데, 히틀러의 점증하는 위협에 대한 그의 고집스러운 경고는 그를 각료에서 제외되게 했고, 대중의 호의도 받지 못하게 했다. 선견지명이 있으며, 외롭고, 우울하고, 지칠 줄 몰랐던 그는, 그가 "으깨지고, 진창이 되고, 쏟아져 나오는" 것으로 불렀던 평화주의를 꿈꾸는 영국과, 부패하고 분열된 프랑스, 그리고 외딴 곳에서 무관심한 미국 때문에 소름이 끼치도록 놀라고 말았다. 이 나라들은 급속하게 재무장하는 나치의 위협을 제대로 의식하지 못한 채 그저 흘러가고만 있었다.

1936년 스탠리 볼드윈Stanley Baldwin 정부가 상황에 대한 재검토를 요청했을 때, 처칠은 신랄하게 비판하였다.

> "누구라도 상황이 어떠한지 볼 수 있다. 단지 정부는 마음을 정하지 못한 것이거나, 결정을 내릴 수상을 가지지 못한 것뿐이다. 그러므로 그들은 이상한 역설에 빠지게 된다. 결정하지 않기로 결정하고, 결단하지 않기로 결단하고, 떠내려가기 위해 견고해지고, 흘러가기 위해 굳어지고, 무기력해지기 위해 전능해지는 것이다."

'리더가 부재한 혼돈' 속에서 몽유병에 걸린 민주주의는 부지불식간에 '메뚜기 떼가 먹을 수 있는' 기간을 더 늘려 주었다. 처칠이 런던의 사보이 호텔에서 뮌헨 협정을 축하하는 사람들의 환호성을 들었을 때 중얼거렸던 말처럼, "아, 불쌍한 사람들! 그들은 앞으로 무엇을 직면할지 전혀 모르고 있다."

역사에서 주목받지 못한 전령들은 그 결과와 기질양 측면에서 매우 다양하다. 어떤 사람들은 살아생전에 자신의 정당성을 확인하였지만 어떤 이들은 그렇지 못했다. 시가를 물고 있는, 귀족적이고 원기 왕성한 윈스턴 처칠의 모습은 으레 핏발이 선 눈매로 그려지는, 메뚜기와 석청을 먹었던 세례 요한과는 선혀 나르나. 그러나 이러한 차이에도 불구하고 이들에게는 공통적인 장점이 있다. 즉 시대에 대한 분별력, 큰 이익과 시대의 풍조를 거부할 수 있는 용기, 위협적인 불화 앞에서의 인내, 역사와 그 역사 안에서 자신의 나라가 처한 데서 비롯된 감각적인 지혜, 그리고 히브리 선지자에게서 주로 나타나는 것으로 초월적인 원천으로부터 나오는 그들의 메시지에 담겨진 권위적 어조 등이다.

그러나 주의를 끌지 못한 전령들의 특징 중에서 그들의 관점의 탁월함과 고통의 짐 사이의 관계는 매우 보편적이다. 아모스가 남부의 목동이 아니라 북부의 직업 선지자였다면 그렇게 담대하게 외쳤을까? 세례 요한이 헤롯 궁의 대신이었다면 그렇게 적나라하게 말할 수 있었을까? 마르틴 루터Martin Luther가 로마의 추기경이었다면 교회의 포로 된 모습을 그렇게 분명하게 들여다볼 수 있었을까? 윈스턴 처칠이 차트웰 출신의 평의원이었을 때처럼 각료로서도 자유롭게 말할 수 있었을까? 그럴지도 모른다. 상상은 자유이다.

그러나 역사의 현실에서 볼 때, 각 전령의 관점과 고통 사이에는 분명한 관계가 있다. 그 두 가지는 그들이 아웃사이더라는 것에서부터 나온 결과이며, 오늘날 교회가 문화의 포로가 되어 버린 이 시대에 목소리를 높이려는 어떤 그리스도인들에게도 선지자적 반시대성은 분명한 대가를 요구한다. 구체적으로 세 가지 대가를 치러야 한다.

어긋난 세계에 대한 부적응

선지자적 반시대성의 첫 번째 대가는 부적응이다. 사회가 점차 불경건해지고, 교회도 점차 타락해 갈 때, 신실함은 그 값을 치르게 된다. 믿음으로 사는 사람은 그 사회와 교회에 잘 맞지 않는다. 레지스탕스 지도자가 그의 부하들을 가리켜 "무엇인가가 심각하게 잘못되었다는 것을 알 정도로 환경에 적응이 안 된 자들"이라고 말했을 때, 그는 부하들의 분명한 시각을 설명하기 위해서 찬사에 가볍게 응대한 것이다. 그는 다른 방식으로 이 사실을 나타낼 수도 있었을 것이다. 그의 부하들은 동료 시민들을 경악하게 한 나치의 '밤과 안개' 지령에서도 충분히 드러날 정도로 적응이 안 된 자들이었다.

> 믿음으로 사는 사람은 그 사회와 교회에 잘 맞지 않는다.

그러나 레지스탕스 지도자의 발언은 단순히 그들이 부적응자들이었음을 의미하기도 한다. 당시 그들은 부적응자, 주변인, 괴짜, 조화되지 못하는 자, 그리고 시대에 뒤떨어진 자들이었다. 후에 그 시대 자체가 탈선의 시대였다고 정의한 점은 그러한 부적응자들에게 역사와 영원의 관점에서 위안을 주기는 하지만 실제로 그 시대를 살아가는 데 있어서는 매우 힘들었을 것이다.

조화를 이루지 못하고 시대에 뒤떨어지는 것은 인간에게 늘 불안한 일이다. 의사소통이 잘 이루어지려면 좋은 타이밍과 화합이 관건이다. 19세기 프랑스 소설가인 스탕달Stendhal의 말을 들어 보라. "위트는 대중의 생각보다 2도 정도만 높아야 한다. 5도나 6도 정도 앞서가게 되면, 그들에게 참을 수 없는 두통을 일으킨다." 이런 의미에서 좋은 유머는 언제나 지역적이며, 다른 문화에 맞게 번역하기가 어렵다. 익살과 조크도 이러할진대 하물며 인기 없는 메시지를 전할 때는 오죽하겠는가! 청중과 화합되지 않는 메시지를 전하는 사람은 매우 거북하게 느껴질 것이고, 청중을 귀찮게 하거나 화나게 하기도 할 것이다.

물론, 일이 끝난 후에 위안을 찾기는 쉬우며, 또한 시대의 흐름에 저항하고 헨리 소로Henry David Thoreau처럼 남과 보조를 맞추지 않을 준비가 되어 있는 사람들을 향한 고귀한 명언들이 많이 있다. 로마의 역사가인 리비Livy는 유명한 조언을 남겼다. "그들이 네 신중함을 소심함이라고 부르고, 네 지혜를 나태라고 부르며, 네 지도력이 약하다고 하여도 신경 쓰지 말라. 어리석은 친구가 칭찬하는 것보다 지혜로운 적이 너를 두려워하는 것이 더 낫다." 니체도 비슷한 방식으로 반시대성을 지지했다. "당신이 전기적 인물이 되기를 원한다면, 전설적인 'OOO 씨와 그의 시대'처럼 불리는 사람이 되기를 원하지 말고, 전기 앞 페이지에 '자신의 시대에 대항한 투사'라는 타이틀이 붙는 사람이 되라."

같은 맥락에서 C. S. 루이스도 캠브리지 대학의 취임 연설에서 자신을 "옛 서구인", "공룡", 그리고 "네안데르탈인"이라고 불렀다. 간단히 말해서, 찬시를 받는 선지자는 대부분 죽은 선지자들이다. 비록 그들이 살아 있을 동안에는 향수 가게의 스컹크와 부흥회의 이단자로 취급받았지만 말이다.

여기서 신실함이 부적응을 수반하는 것이 사실일지라도 부적응 그 자체가 반드시 신실함을 의미하는 것은 아님을 덧붙이는 것 역시 중요하다. 그저 이상할 뿐인데 그 이상함을 정당화시키기 위해 부적응을 이용할 수도 있다는 뜻이다. 그러나 요점은 여전히 유효하다. 신실함에서부터 발생한 부적응의 고통은 여전히 극심하다. 선지자적 반시대성 때문에 생겨난 외로움에는 사탕이 발라져 있지 않다.

이것이 대부분의 히브리 선지자들의 힘든 운명이었다. 예루살렘의 이사야는 하나님으로부터 분명하게 경고를 받았다. "이 백성이 반역자가 있다고 말하여도 너희는 그 모든 말을 따라 반역자가 있다고 하지 말며 그들이 두려워하는 것을 너희는 두려워하지 말며 놀라지 말고 만군의 여호와 그를 너희가 거룩하다 하고 그를 너희가 두려워하며 무서워할 자로 삼으라"(사 8:12-13). 예레미야도 비슷한 말씀을 들었다. "그러므로 너는 네 허리를 동이고 일어나 내가 네게 명령한 바를 다 그들에게 말하라 그들 때문에 두려워하지 말라 네가 그들 앞에서 두려움을 당하지 않게 하리라"(렘 1:17). 에스겔의 사명도 동일하게 단호한 것이었다. "그러나 이스라엘 족속은 이마가 굳고 마음이 굳어 네 말을 듣고자 아니하리니 이는 내 말을 듣고자 아니함이니라"(겔 3:7).

어떤 사람은 예레미야의 사명, 즉 애국자가 반역자

처럼 말해야만 했던 그 사명이 모든 선지자가 받은 사명 중에서 가장 힘든 일이었을 것이라고 평가한다. 또 다른 이들은 예레미야가 감수성이 예민한 성격이었다고 밝힌다. 우리가 분명히 아는 것은 그가 고립과 배신의 강렬한 감정을 느끼며 반응했다는 것이다. "… 주의 손에 붙들려 홀로 앉았사오니 이는 주께서 분노로 내게 채우셨음이니이다 나의 고통이 계속하며 상처가 중하여 낫지 아니함은 어찌 됨이니이까 …"(렘 15:17 – 18) 심지어 그는 불평을 토로하기까지 한다. "주께서는 내게 대하여 물이 말라서 속이는 시내 같으시리이까"(렘 15:18).

> 나의 고통이 계속하며 상처가 중하여 낫지 아니함은 어찌 됨이니이까?

이에 대한 하나님의 대답은 가혹하고, 냉담하기까지 하다. "… 네가 만일 돌아오면 내가 너를 다시 이끌어 내 앞에 세울 것이며 네가 만일 헛된 것을 버리고 귀한 것을 말한다면 너는 나의 입이 될 것이라 그들은 네게로 돌아오려니와 너는 그들에게로 돌아가지 말지니라 내가 너로 이 백성 앞에 견고한 놋 성벽이 되게 하리니

…"(렘 15:19-20) 히브리 선지자들과 마찬가지로 4세기 정통 교리의 위대한 수호자였던 아타나시우스Athanasius는 "세상에 대항한 아타나시우스"라고 불리었다.

외로운 전투에 임하고 있는 우리 시대의 수많은 그리스도인들이 이미 알고 있듯이, 유일한 청중 앞에서 산다는 것은 힘들고 벅찬 일이다. 그를 대신하여 환영받지 못하는 입장을 취하거나 거북한 말을 전하는 것은 더할 나위 없는 고통일 수 있다.

초조함

선지자적 반시대성의 두 번째 대가는 초조한 느낌이다. 사회가 불경해지며 교회가 타락해 가고, 하나님의 목적이 수렁에 빠져들고 방해받을 때, 믿음으로 사는 사람은 안절부절못하게 된다. 그러할 때 반시대적 사람들은 현재의 난국 너머로 더 나은 가능성이 성취될 때가 오는 것을 바라본다. 비전이 지체되면 입술을 깨물면서 불안하게 서성이며 초초해한다. 그들은 자연스럽게 이렇게 외친다. "오, 주님! 언제까지입니까?"

통상적으로 다수의 견해나 앞으로 나아가려는 주류 세력의 행진을 거부하는 사람은 방해꾼으로 취급받는다. 일반적인 추세가 진보적이라면, 그것에 대한 저항은 수구적인 태도일 것이다. 앞으로 가기를 원하지 않는 사람은 뒤로 가기를 원하는 것임이 틀림없다. '옳은' 사람들이 지혜롭고 선하다는 사실에 동의하지 않는 이들은 분명히 잘못 생각하면서 갈피를 못 잡고 있는 것이다. 사람들은 그에게, "너는 비켜라! 길을 방해하지 마. 그렇지 않으면 역사의 가차 없는 덤프트럭에 깔려 버릴 것이야"라고 말할 것이다.

그러나 이러한 가정에 의문을 제기하는 바이다. 어떤 방향과 무슨 기준으로 이 사람이 틀렸다고 판단할 수 있는가? 앞, 뒤, 진보, 수구와 같은 말은 기준과 측정이 요구되는 말들이다. 옳다고 생각되는 것이 실제로 틀린 것이라면, '옳은 것'보다는 '틀린 것'이 훨씬 더 낫다. 진보라고 여기던 것이 사실은 뒤로 가는 것이거나 아무 곳에도 가지 않는 것이라면, '앞으로 가는 것'보다는 '반대로 가는 것'이 훨씬 더 낫다.

바로 이런 이유로, C. S. 루이스가 지적했듯이, 진보는 저항하는 요소에 의해 이루어진다. 기존 질서를 지키려는 완고한 대중이 진리와 자유의 진보를 막고 있는지도 모른다. 과학에서와 마찬가지로 신앙에서도 저항적인 사고는 절대로 수구적인 태도가 아니다. 그것은 진정한 진보로 가기 위한 비결이다.

니체도 이 점을 날카롭게 인식하고 있었다. 이때 반시대적 사람들의 문제는 초조해하며 기다리는 것이다. 그러나 니체에게는 기다려야 할 하나님이 존재하지 않았다. 이 땅과 생명, 그리고 자신의 노력이 그가 가진 전부였다.

니체가 『선과 악을 넘어서』*Beyond Good and Evil*, 다락원라는 책에서 썼듯이, "영원히 싫은 것 즉, 너무 늦었다! 라는 말을 누가 참을 수 있겠는가?" 성공하기 위해서는 우리가 추구하는 그 무엇이 제시간에 딱 맞아야 한다. 그러므로 하나님이 없다면, 기다림에는 "문제 해결의 열쇠를 쥐고 있으나 움직이지 않는 더 높은 존재의 시간에 맞춰 행동하려면 – 누군가는 이것을 분출이라고 표현한다 – 측량할 수 없을 정도로 많은 요행수가 필요한 것이다." 대부분의 경우에는 행운의 번개가 치지 않으며 기다림도 소용이 없어지고 만다. "지구상의 도처에서 사람들은 자신들이 어느 방향을 향해서 기다리고 있는지도 모르는 채, 그리고 기다림이 소용없다는 것도 모르는 채 앉아서 기다리고 있다."

초조함을 더욱 악화시키는 것은 때때로 기상 경보가 너무 늦게 울리는 것이라고 니체는 덧붙인다.

행동의 '승인'을 해 주는 사건이 너무 늦게 온다. 그때는 행동하기에 최적인 젊음과 정력이 이미 너무 오랫동안 앉아 있어서 고갈되어 버린 후이다. 많은 사람은 '뛰어 일어나려고 할 때' 자신의 팔다리가 굳어졌고 정신이 너무 무거워졌다는 것을 발견하고는 경악한다. "너무 늦었어"라고 스스로 말하면서, 자신에 대한 믿음을 상실해 버린다. 따라서 영원히 무용지물이 된다.

니체의 결론은 고무적이기보다는 정신이 번쩍 들게 한다. 정신의 영역에서 '팔이 없는 라파엘' – 자신의 생각을 실천으로 옮길 도구가 없는 천재 – 은 예외가 아니라 일반적인 경우이다. 그는 계속해서 말하기를, 사실 "천재가 그렇게 드문 것이 아니라 시간, 즉 기회를 이용할 수 있는 '적절한 때'를 장악하는 데 필요한 오백 개의 손이 드문 것이다."

우리가 되어야 하는 자가 되기에는, 해야 할 일을 하기에는 너무 늦은 것이 아닌가? 예수의 제자들에게 카이로스 순간—기회가 완전히 무르익은 가장 적절한 때—은 우리의 손이 아니라 하나님의 손에 달려 있다. 이 땅, 이 생명, 그리고 우리의 모든 노력이 우리가 가진 전부가 아니다. 그러므로 종말End of All Days은 확실하며, 그 전에 올 주님의 날Days of the Lord은 하나님께서 약속하시고 위협하셨던 것만큼 자주 반복해서 오게 될 것이다.

그러나 멀리서 그날을 바라보는 자들과 신실함으로 말미암아 자신의 시대에 반시대적인 사람들이 된 자들에게는 그 기다림이 무척이나 길게 느껴지기에 여전히 심한 초조함에 서성일 것이다. 그들이 내뱉는 "오, 주

> 예수의 제자들에게 카이로스 순간은 우리의 손이 아니라 하나님의 손에 달려 있다.

님! 언제까지입니까?"라는 외침은 종종 고통의 외침일 것이다.

실패감

선지자적 반시대성의 세 번째 대가는 실패한 느낌이다. 사회가 불경해지고 교회가 타락할 때, 선한 사람들이 성공할 가능성은 상당히 줄어들며 이에 따른 실패감은 항상 우리 곁에 존재한다. 오늘날의 세계에서 이러한 딜레마는 추가적인 이중 구속의 형태로 우리 앞에 다가온다. 한편으로, 우리는 우리의 유산-삶을 마친 후에 이 땅에 남길 공헌에 대한 분명한 인식-을 생각해야 한다고 주장하는 수많은 기독교 연사들의 말을 듣는다. 반면에, 야망은 언제나 잘못된 것이고, 자기중심주의와 동의어이며, 이기적이고 비기독교적이라고 주장하는 수많은 다른 그리스도인들의 소리도 듣는다.

하지만 이 두 가지 입장은 모두 틀렸다. 사실, 그 정반대가 맞다. 예수의 제자들인 우리는 야망을 가질 수 있으며, 가져야 하지만, 우리의 유산에 대해서는 결코 연연해하지 말아야 한다. 그 이유는 소명의 성격에 있다.

우리의 모든 존재, 소유, 그리고 사역이 하나님의 부르심에 대한 응답이 된다면, 우리는 오스왈드 챔버스의 유명한 말과 같이, "하나님께 최상의 것을 드리기 위해 최선을 다하는 삶"을 산다. 이 모습대로 창조되었고, 하나님께서 기대하시는 모습이 될 수 있도록 부르심을 받은 우리는, 하나님의 부르심에 응답하여 일어날 때 더 높고 더 멀리 도달하게 된다. 이것이 바로 헬라인들의 탁월성 추구와 동일한 기독교적 표현이다. 할 수 있는 한 최고의 자리로 올라가는 것! 그러나 하나님께 최상의 것을 드리기 위해 최선을 다하는 삶은 지금까지 인간의 마음을 흥분시켰던 것 중에서 가장 심오하고, 가장 숭고하며, 가장 가치 있는 야망이다.

우리가 우리의 모든 존재를 위대한 호출자^{Caller} 앞에서 정의하고 한 명의 청중 – 유일한 청중 – 앞에서 우리

> 하나님께서 기대하시는 모습이 될 수 있도록 부르심을 받은 우리는, 하나님의 부르심에 응답하여 일어날 때 더 높고 더 멀리 도달하게 된다.

의 삶을 산다면, 자신의 업적과 성공을 스스로 정의하거나 결정할 수 없다. 우리가 무엇을 성취했다고 말할 수 없다. 성공했다고 선언할 수도 없다. 어떤 유산을 남겼노라고 말할 수 없다. 사실상 그것들에 대해서 잘 모르기도 한다. 오직 우리를 부르신 자만이 말할 수 있다. 오직 마지막 날에 밝혀질 것이다. 오직 "잘하였도다"라는 마지막 말이 우리가 한 일을 정확하게 보여 줄 것이다.

그러므로 부르심을 받은 자들은 기다려야 한다. 우리는 얼마든지 '암캐 같은 성공의 여신'을 조롱할 수 있으며, '유산'과 같은 것을 전혀 개의치 않고 살 수도 있다. 그러나 인간이기 때문에 때때로 이것만으로는 충분하지 않다. 그래서 우리가 소망과 신뢰 대신에 미끼를 끄집어내고 싶어 하는 것처럼, "잘하였도다"라는 하나님의 평가를 기다리기보다는 우리가 진정으로 성공했는지 알기를 원한다.

그렇다면 실패의 느낌은 정신 나간 것이다. 왜냐하면 소명은 벤처 사업과 같은 프로젝트이기 때문이다. 맡은 과업을 실패하고 싶은 사람이 누가 있겠는가? 그러나 어떤 환경이나 역사의 어느 시기에서는 오직 실패뿐인 상황이 펼쳐지기도 한다.

이와 같은 상황이 예레미야 선지자의 서기관인 바룩에게 준 하나님의 유명한 말씀을 이해하는 데 단서가 된다. "네가 너를 위하여 큰 일을 찾느냐 그것을 찾지 말라 …"(렘 45:5) 종종 이 구절은 모든 야망에 대한 절대적인 금지처럼 사용되지만, 이는 바룩의 시대와 관련된 야망을 두고 하신 말씀이다. 이 시기는 주전 586년에 예루살렘이 바벨론에 멸망당한 후 황폐했던 때이다. 다윗 왕의 시대나 그 이후의 히스기야와 요시아와 같은 선한 왕들의 통치 기간에는 야망을 가진 선한 사람들이 사회의 고위층으로 쉽게 올라갔을 것이다. 그러나 시드기야 왕이 다스리던 냉혹한 시절에는 선보다는 악이 보편적이었고, 그래서 선한 사람들이 성공할 여지가 거의 없었다. 신실함의 대가는 명백한 실패였다. 이때 바룩은 성공하지 못할 것이지만 적어도 그의 생명은 보호받을 것이라고 하나님께서 말씀하신 것이다.

우리의 가장 고귀한 꿈과 가장 심오한 노력이 실패의 목전에 서 있는 것을 본다면 우리는 어떻게 반응할 것인가? 우리는 하나님의 소명을 추구하는데 있어서 한

순간이라도 고통을 덜어 보겠다고 핑계를 대지 말아야한다. 우리가 살고 있는 어려운 시대를 합리화하면서 명백한 실패의 쓴 약에 사탕발림하겠다는 생각을 한순간도 해서는 안 된다.

하나님께서는 우리가 살도록 부르심을 받은 시대를 잘 알고 계시며, 오직 그분만이 우리 삶과 사역의 결과를 알고 계시듯이 우리 시대의 결과도 잘 알고 계신다. 우리의 '실패'가 그분에게는 성공일 수 있다. 우리의 '좌절'이 그분의 전환점을 나타내는 것일 수도 있다. 우리의 '재앙'이 그분의 승리로 귀결되기도 한다. 우리에게 중요한 것은 그분의 선물로 우리가 부르심을 받았다는 사실이다.

그러므로 우리가 날마다 하는 모든 일은 마치 기도와 같다. 우리는 하나님의 선물로 우리가 받은 것을 매일 그분에게 다시 돌려 드린다. 오직 사랑과 신뢰와 소망으로.

… Os Guinness
Prophetic Untimeliness

06
문화적 속박에서 벗어남

"오직 영국만을 아는 그가 영국에 대해서 무엇을 알고 있겠는가?"

영국의 고립성에 대한 러디어드 키플링Rudyard Kipling 의 이 유명한 질문은 본서 전체에 흐르고 있는 주제를 보여 준다. 저항적 사고가 그렇게 중요하며 반시대적인 사람이 그렇게 필요하다면, 상황의 왜곡으로부터 우리를 자유롭게 해 주는 대항적 관점을 어디에서 찾을 수 있는가? 건설적으로 반시대적인 진정한 관점에 어떻게 해야 도달할 수 있는가? 효과적으로 저항할 수 있는 유리한 자리를 어떻게 구축할 수 있는가?

고대 중국인들은 물고기는 오직 물만 알기 때문에 물이 무엇인지 질문을 던지는 마지막 존재라고 주의를 준다. 그러나 우리 인간도 더 나은 위치에 있다고 단정할 수 있는가? 이는 IQ나 눈 색깔처럼 우리가 태어나면서 우연히 갖게 된 어떤 것인가? 살다가 뜻밖에 우연히 발견하는 어떤 것인가? 혹은 마음의 습관이 될 때까지 우리가 배우고 양육할 수 있는 어떤 것인가?

하나님이 없다면 우리 인간의 지식은 하잘것없고 사악한 것, 즉 한편으로는 우리의 한계성으로 제한받고 또 다른 편으로는 죄로 왜곡되는 것이라고 말할 수 있다. 그러므로 인간의 모든 순수한 지식은 우리를 반시대적인 사람으로 만들어 주기에는 너무 제한적이고 너무 상대적이다. 자신의 노력만으로 반시대적인 사람이 되려고 하면 고집 세고 심술궂은 사람밖에 되지 못할 것이다. 게다가 우리가 깨닫는 것보다 더욱 심하게 문화적인 근시안이 될 가능성이 높다.

우리는 아무런 도움도 없이 인생에 대해 완전히 최

종적으로 객관적인 견해를 주는 아르키메데스 점에 도달할 수 없다. 물고기와는 달리 우리는 땅에서 걸을 수 있다. 짐승들과는 달리 우리는 하늘을 날 수 있다. 새들과는 달리 우리는 우주 공간으로 날아갈 수 있다. 그러나 우리는 여전히 그리고 언제나 인간일 뿐이며, 인간의 한계를 넘어서려는 시도는 우리를 초인이 아니라 비인간적인 모습과 야만인으로 만들 뿐이라고 역사는 교훈한다.

이 점을 제대로 인식하고, 그리고 겸손하게 인식한다면, 세 가지 요소가 하나님의 반시대적인 사람들의 특징인 독립적인 정신과 사고를 양육하는 데 도움을 줄 수 있다. 오름차순으로 나열하면, 유행을 따르지 않는 의식을 개발하는 것, 역사적인 인식을 키우는 것, 그리고 영원한 것에 지속적으로 주의를 기울이는 것이다. 이 각각은 효과적인 저항적 사고에 있어서 매우 중요한 것들이다.

유행을 따르지 않는 의식

반시대성을 위한 첫 번째 요소는 유행에 대한 무관심이다. 인기가 없는 진리와 씨름하는 것보다 더 저항적인 사고를 날카롭게 해 주고, 게으르고 비겁한 사고로 빠져드는 것을 막아주는 것은 없다.

힘겨운 도전

유행에 대한 무관심은 C. S. 루이스가 1945년에 쓴 변증학 관련 글의 핵심이다. 그 시대의 너무나 많은 성공회 신부들이 성공회적인 것도 아니고 기독교적인 것도 아닌, 단지 인기와 편의에 의해 형성된 자신만의 교리를 가르치고 있었다고 루이스는 말한다. 그들은 이사야와 예레미야 시대의 거짓 선지자들과 같았는데, 그들의 메시지는 거의 거짓일 정도로 청중 친화적이었다.

루이스가 처방한 해독제는 "기독교의 메시지를 자신의 생각과 구별된 어떤 것으로 전하기 위해 주의 깊은 노력을 기울이는 것이었다." 이렇게 주의를 기울이다 보면 그가 변증학자이든, 설교자이든, 또는 일반 신자이든, 긴장된 경험을 할 수밖에 없다. "그것은 그가 개인적으로 미천하고 불쾌하게 여기는 초대 기독교의 요소들에 거듭거듭 부딪치게 만든다."

이 '힘겨운 도전'에 저항적 사고의 비밀이 있다. 우리가 매우 익숙한 신념, 또는 우리 시대의 일반적인 생각에 잘 들어맞는 교리들을 견지하고 변호하기는 너무나 쉽다. 그러나 그것이 우리가 하는 일의 전부라면, 우리는 진정하고 온전한 신앙도 아닌, 편리한 신앙에 빠져 있는 것이다. 조셉 콘래드Joseph Conrad의 『태풍』*Typhoon*에 나오는 선장의 말대로, "도전하라. 항상 도전하라. 그것이 극복할 수 있는 길이다."

교회가 그 시대의 정신과 제도에 깊숙이 빠져들었을 때 나타나는 모습 중 가장 한심한 예들을 들어 보겠다. 르네상스 시대의 교황권은 르네상스의 파워 정치를 그대로 받아들여서 가장 악한 형태의 권력이 되었다. 18세기의 자유주의는 복음에 대한 교양 있는 경멸자들에게 끊임없이 구애하다가 스스로가 교양 있는 경멸자로 전락했다. 1930년대의 루터교는 독일의 국가주의의 유혹에 빠져 결국 나치즘과 동침하고 말았다. 1960년대의 미국 개신교는 어떤 것도 남기지 못하고 어떤 영향도 미치지 못한 채 그 시대의 세속적인 멋쟁이가 되어 버렸다. 그리고 지금, 21세기 초의 복음주의는 어느 누구보다도 더욱 성공적이고 유사하게 대중문화를 흉내 내고 있지만 아직도 그것을 따라잡지 못하고 있다. 이 각각의 경우는 결과적으로 신앙의 배신뿐만 아니라, 교회가 영향을 주려는 바로 그 청중 앞에서 불행하게도 무기력한 모습을 보이는 것으로 끝났다.

철저한 생각의 변화가 곧 일어나지 않는 한, 복음주의의 타락은 더 악화될 것이며 행동은 물론 신학을 통해서도 그 모습이 보여질 것이라는 징후가 나타나고 있다. 복음주의자들은 '종교에서 영성'으로 변화되는 더 넓은 문화적 변동을 따라왔는데, 그 과정에서 공동체적이 아니라 고질적으로 개인주의적인 모습이 되어 버렸다. 그들은 권위 아래에 살기보다는 '스스로' 좋은 것을 선택하는 자가 되었다. 그들은 배타적이고 차별적이기보다는 점차 혼합주의적인 모습으로 자리 잡았다.

예를 들어, 성경도 보고 점성술도 보는 복음주의자들을 두고 존 웨슬리나 스펄전은 무엇이라고 말했을까?

부활도 믿고 환생도 믿는 복음주의자들에 대해 조나단 에드워즈와 무디는 어떻게 반응했을까?

현대 문화의 가장 인기 있는 의견이라는 명목 아래에 어떤 복음주의자들은 심지어 하나님에 대한 가장 분명하고, 가장 강력하고, 가장 명백한 진리까지도 포기하였다. 그중 어떤 이들은 인간의 자유의지라는 자랑스러운 주장의 여지를 넓히고자 하나님의 주권을 축소시키려고 한다. 그리고 다른 많은 복음주의자는 너무 혼란스럽고 두려워서 이와 같은 무책임한 신앙의 배신에 아무런 도전도 못하고 있다.

이 모든 형태의 극단적인 적응의 결과는 기독교 신앙이 전혀 눈에 띄기 않기나 그 힘을 있는 에픽스로 나다난다. 자유주의 성공회 교인들을 향한 루이스의 지적이 오늘날 로마 가톨릭과 복음주의자 모두에게도 똑같이 해당된다. "믿음이 당혹스럽게 보이거나 혐오스럽게 보일 때는 언제나 그 믿음을 바꿀 자유가 있다고 생각하는 '자유주의 기독교'는 완전히 정체된 것이 분명하다. 진보는 세속적인 것을 거부할 때만 이루어진다."

철저한 순종

고백교회와 더불어 히틀러에게 대항하였던 본회퍼 Bonhoeffer는 다른 방식을 우리에게 보여 준다. 국가 사회주의에 대한 개신교의 투항이라는 혹독한 상황에 직면해서, 그는 제자도의 대가를 강조하였다. 그는 교리 고백에 기초한 이성적인 선택으로써 이를 강조하지 않았는데, 그렇게 된다면 국가주의적 열정에 의해 왜곡되고 족쇄가 채워질 수 있기 때문이었다. 대신에 오직 단 한 가지, 총통보다 우월한 주이신 예수의 절대적인 권위에 기초한 부르심에 대한 철저한 순종으로써 강조하였다. 나치는 전인격적인 충성을 요구하였는데, 나사렛 예수도 그렇게 하셨었다. 오직 이러한 주 되심과 철저한 제자도만이 독일 국가의 주장과 조종을 이겨 낼 수 있는 힘이었다.

> 나치는 전인격적인 충성을 요구하였는데, 나사렛 예수도 그렇게 하셨었다.

두말할 필요도 없이 복음서에 나오는 예수의 호소는 그분의 권위만큼이나 강력하다. 역사상 그 누구도 구도자에게 그렇게 진심으로 친근하게 대한 분은 없었을 것이다. 그분의 어려운 말씀들과 마찬가지로 위로의 말씀도 복음의 전부가 아니다. 좋은 소식은 물리치기보다는 끌어당기는 힘이 더 있으며, 훨씬 더 깊은 차원에서 끌어들이기 위해서만 물리치는 힘을 사용한다.

전체적으로 복음은 모든 역사에 걸친 인간의 열망에 대한 가장 위대한 긍정Yes이다. 그러나 복음의 부정No은 분명하고 솔직하며 피할 수가 없다. 언약뿐만 아니라 도전도 있으며, 보상에 대한 약속뿐만 아니라 대가에 대한 경고도 나오고, 잔치 초청만큼이나 희생에 대한 가르침도 흔하다. 그러므로 긍정적인 사고의 왜곡에 대한 아들라이 스티븐슨Adlai Stevenson의 경구 속에는 준엄한 진리가 담겨 있다. "바울은 매력적이지만, 필(노만 빈센트 필)은 질색이다."*"Paul I find appealing, but Peale I find appalling."*

위로와 안락함이 우리의 현대 권리 장전의 암묵적인 조항인 시대에 기독교 신앙은 권리 자격증이 아니며, 안이한 영성을 위한 처방전도 아니고, 자기 개발을 위한 매뉴얼 역시 아니다. 예수의 십자가cross는 인간의 모든 사고방식과

> 예수의 십자가(cross)는 인간의 모든 사고방식과 엇갈려서(cross-wise) 나아간다.

엇갈려서crosswise 나아간다. 그러므로 어렵고 인기 없는 복음 안의 주제의 재발견은 온전한 복음의 재발견이며, 그 결과 개혁과 부흥이 일어날 것이다.

역사의 산뜻한 바닷바람

반시대성에서 두 번째로 기본적인 요소는 역사적인 인식을 키우는 것인데, 인간의 다른 어떤 관점도 우리 시대를 위해서 이 관점보다 더 나은 대항적 관점을 제공해 주지 못한다. 하나님과 영원에 대한 믿음이 없는 자들에게는 이것이 현재의 왜곡 가운데 자신을 지키는 유일한 도구일 때가 많다.

> 용감한 날갯짓으로 네 시대 위로 높이 올라가라! 다가오는 세기가 이미 네 거울에 멀리서부터 점차 나타나게 하라!

예를 들어, 니체는 친구인 작곡가 리하르트 바그너Richard Wagner에 대해 쓰면서 이렇게 외쳤다. "용감한 날갯짓으로 네 시대 위로 높이 올라가라! 다가오는 세기가 이미 네 거울에 멀리서부터 점차 나타나게 하라!" 또한 『반시대적 성찰』*Untimely Meditations*을 보라. "역사를 사용하는 방법보다 당대에 더 두드러지게 나타날 수 있는 길은 없다."

층층이 쌓인 잘못의 역사가 보물이다

우리는 현재를 판단하기 위해서 역사를 사용하기에 좋은 환경에 놓여 있는가? 이 문제는 논란의 여지가 있다. 야코프 부르크하르트는 예전 세대의 희생을 바탕으로 새로운 세대가 받아들여지는 방식을 논하면서 "미국인은 역사를 포기한다"라고 단언했다. 헨리 포드는 초기 산업화의 막대한 이윤을 지지하면서 유명한 말을 남겼다. "역사는 터무니없는 속임수이다." 오늘날에는 이처럼 노골적이지는 않지만, 역사에 대한 이해의 부족을 탄식하는 소리가 여전히 들려온다.

어떤 사람들은 현대 문화의 상태에 개탄하는데, 그들은 학교의 빈약한 역사 교육, 과거보다는 현재에 지속적으로 집착하는 대중매체와 같은 다양한 요소를 지적한다. 저널리스트 빌 모이어스Bill Moyers는 이를 적절히 묘사하였다. "우리 미국인들은 지난 24시간에 대해서는 무엇이나 알고 있지만, 지난 60세기나 지난 60년에 대해서는 아무것도 모르는 것 같다."

긍정적으로 평가하는 이들도 있다. 그들은 지역 역사 협회의 성장, 훌륭한 전기 문학과 역사 서적들에 대한 끝없는 욕구, 그리고 미국 남북 전쟁과 제2차 세계대전과 같은 시대를 다루는 텔레비전 시리즈 프로그램들의 엄청난 인기 등을 거론한다.

그러나 충분히 인식되지 못하는 점이 있는데 역사적 인식이 서구적 사고(즉 기독교적 사고)의 위대한 열매 중 하나라는 것이다. 과학과 함께 역사는 서구 지성의 가장 놀라운 업적 가운데 하나이다. 하지만 과학과는 달리 당연히 받아야 할 주목을 받지 못했다. 이 문제는 전문 학술 영역에서의 명성 싸움 그 이상이다. 역사의 중요성 배후에 있는 이슈는 인간으로서의 우리의 특성과 맞닿아 있다.

존 루카치가 역사적인 사고의 본질을 뛰어나게 성찰한 『역사의식』*Historical Consciousness*에서 주장한 것처럼, 역사는 인간으로서의 우리에 대한 지식에서 본질적인 요소이다. 과학은 주로 자연을 다룬다. 또는 다른 대상들 속에 포함되는 자연의 대상으로서 우리 자신을 다룬다. 그러나 역사는 대상으로서가 아닌 주체로 우리를 다룬다.

다르게 말한다면, 역사는 인간의 독특성을 이해하는 데 필수적이다. 과학이 법칙과 동질적 규칙성을 통해서 예측 가능하고 반복 가능한 것을 다루는 반면에, 역사는 인간의 독특한 선택, 사고, 재앙, 역설, 그리고 사건들과 같은, 전적으로 예견 불가능하며 예측 불가능한 것들을 다룬다. 마르셀 프루스트Marcel Proust는 인간 됨의 이러한 특성에 대해 기술하였다. "규칙에 대한 예외가 존재의 논리이다."

> 역사는 인간의 독특한 선택, 사고, 재앙, 역설, 그리고 사건들과 같은, 전적으로 예견 불가능하며 예측 불가능한 것들을 다룬다.

이것이 사실이라면, 역사는 과학보다 인간에 대한 더 깊고 광범위한 지식을 제공한다. 루카치는 역사가 과학적이기보다는 과학이 더 역사적이라고 지적한다. 그러므로 역사는 인간 존재와 인간의 지혜에 매우 필수적이다. 본질적으로 어떤 사람과 어떤 것에 대한 이야기는 사실상 그 사람과 그것 자체이다. 사람이나 사물의 본성을 이해하는 최선의 길은 그들의 이야기를 하는 것이다. 윌리엄 셰익스피어William Shakespeare가 『헨리 5세』Henry V, 동인에서 말하듯이, "모든 인간의 삶에는 역사가 있다."

여기서 내 요점은 역사학의 제국주의를 진전시키려는 것이 아니다. 나는 과학자도 아니고 역사가도 아니므로 그러한 논쟁으로 무엇을 얻을 수는 없다. 많은 학술적 역사는 해결책이 아니라 문제의 한 부분이다. 역사가 이든지 아니든지 우리 모두에게 중요한 일은 인간 이해와 지혜의 대치할 수 없는 원천으로서의 적절한 지위를 역사에 부여하는 것이다.

역사를 모르는 자는 역사를 되풀이하는 저주를 받으리라는 산타야나Santayana의 언급은 수많은 방식으로 여러 시대에 걸쳐서 울려 왔다. 그의 언급은 오늘날 다시금 생각해 볼 가치가 충분히 있다.

공자는 "나는 진리를 사랑하기 때문에 옛것을 흠모하는 자이다"라고 말하였다.

마키아벨리Machiavelli는 "어떤 것을 해야 할지 알기를 원하는 사람은 어떤 것이 어떻게 되어졌는지를 살펴보아야 한다"라고 단언하였다.

괴테Goethe는 "3,000년의 세월을 이용하지 못하는 자는 근근이 먹고살 뿐이다"라고 역설하였다.

헤겔Hegel의 기록을 보라. "우리는 역사 연구를 함으로써 인간이 역사 연구에서 아무것도 배우지 못했음을 배운다."

호세 오르테가 이 가세트Jose Ortega y Gasset는 이렇게 썼다. "인간의 진정한 보물은 수천 년 동안 층층이 쌓인 잘못의 역사이다."

윈스턴 처칠은 주목을 받지 못한 전령으로서의 선견지명을 잘 드러내 주는 명언을 남겼다. "더 멀리 뒤를 돌아볼수록, 더 멀리 앞으로 볼 수 있다."

고서를 읽다

역사의 중요성을 말로만 강조하는 것으로는 충분하지 않다. 우리는 각자 지속적으로 과거의 풍성한 것들을 독서와 사고로 섭취해야 한다. 오직 과거의 지혜만이 현재와 미래에 대한 집착의 굴레에서부터 우리를 자유롭게 해 준다. C. S. 루이스는 이렇게 충고한다. "새로운 책을 읽고 난 후에 옛날 책을 한 권 더 읽기 전까지 또 다른 새로운 책을 읽지 않는 것은 좋은 규칙이다."

역사를 배우는 방법은 여러 가지이다. 어떤 사람들은 테이프를 듣고, 또 어떤 이들은 영화와 다큐멘터리를 본다. 많은 사람은 고전 문학작품을 풍성하게 읽는 것으로 과거를 탐구한다. 나 역시 고전을 매우 즐기지만 역사의 주요한 이해를 위해서는 전기물을 읽는다. 두세 권의 책을 읽을 때마다 전기물을 한 권씩 읽으면서, 그렇게도 매력적으로 묘사되는 사람들의 다양한 모습을 음미해 본다. 이 과정으로 나는 역사에 대한 인식이 점차 확대되어 가는 것을 느낄 수 있다.

당신이 어떤 방법을 택하든지, 지속적으로 역사를 탐구해야 하며 그 목표는 분명해야 한다. 모든 시대는 각각의 장점과 약점, 전망과 맹점을 가지고 있기에 어떤 시대의 진리를 놓칠지라도 또 다른 진리를 볼 수 있는 길이 열려 있다. 우리는 우리가 사는 시대의 자식으로서의 한계를 뛰어넘는 것이 필요하다.

뒤에 나올 반시대성을 위한 세 번째 요소(영원에 대한 관심) 전에 등장하는 이 두 번째 요소인 역사에 대한 인식은 현재주의의 다양한 위험, 일시적인 쇼비니즘, 연대기적 속물근성, 세대적 자만심, 그리고 현재에 대한 편협성으로부터 우리를 자유롭게 한다. 과거는 잘못된 것을 바로잡아 주는 지혜의 원천으로 정신적인 죄로부터 우리를 자유롭게 해 주며 우리가 현명하게 일을 처리하도록 돕는다. 루이스의 유명한 말대로, "유일한 완화제는 역사의 산뜻한 바닷바람이 우리의 마음에 계속 불어오도록 하는 것이며, 이는 오직 고서를 읽는 것으로만 가능하다."

> 과거는 잘못된 것을 바로잡아 주는 지혜의 원천으로 정신적인 죄로부터 우리를 자유롭게 해 주며 우리가 현명하게 일을 처리하도록 돕는다.

영원에 대한 관심

반시대성의 세 번째 기본적인 요소는 영원에 대한 관심이다. 오직 영원한 것만이 영원히 적합성이 있다. 프랑스 철학자인 시몬 베유Simone Weil는 이 내용을 장엄하고도 단순하게 표현했다. "항상 적합성이 있으려면 영원한 것을 말하면 된다."

침묵을 깨다

이 땅에서 불가능한 것을 성취하려면 어떻게 해야 하는가? 무엇보다도 우리는 지속적으로 시대에 부합하는 적합성을 추구하는 것은 환상이라는 사실을 알아야 한다. 적합성을, 자신을 입증하는 개념으로 받아들일 때 그것은 무의미하고 위험하다. 왜냐하면 "무엇에 대한 적합성인지?" "누구에게 적합한 것인지?"와 같은 질문을 유발하기 때문이다.

이러한 질문들은 능력, 현실성, 이익이라는 거룩하지 않은 삼위일체로 저돌적으로 달려가는 오늘날에는 일반적으로 간과된다. 그러나 우리가 이러한 질문을 하지 않으면 적합성에 대한 지속적인 호소는 우상 숭배, 진리를 제멋대로 끌고 가는 방식, 의견을 속임수로 우겨 넣는 수단으로 자리 잡는다. 그래서 결국 우리 스스로 속게 된다.

> 진리와 영원성과 관련되지 않은 것은 그 어떤 것도 궁극적으로 적합하지 않다.

진리와 영원성과 관련되지 않은 것은 그 어떤 것도 궁극적으로 적합하지 않다. 어떤 것이 진리가 아니라면, 어느 순간에 그것의 관점은 틀릴 것이고, 실제적인 가치도 결국 제로가 되어 버릴 것이다. 오직 진리와 영원성만이 '적합성'에 적합성을 부여한다. '그것이 적합하기 때문에'라는 단순한 이유로 어떤 것을 생각하고 행한다면 언제나 비이성적이고, 위험하며, 결국 소진되는 길로 갈 것이다. 진리와 영원성은 실용적인 현대인의 사고에 있어서는 달지 않은 약과 같지만, 영원한 우둔함에 대한 강력한 해독제이다. 비적합성의 행위에도 적합성이 있는 것처럼 적합성의 추구에도 비적합성이 있다.

그렇다면 어떻게 우리가 유한하고 현세적인 수준을 넘어서 진실 되고 적합한 것에 대한 영원한 관점을 얻을 수 있겠는가? 성경적인 대답은 솔직한 정도로 투명스럽다. 우리의 힘으로는 할 수 없다는 것이다. 우리는 연기로 가득 차 있고 그림자가 벽에 어른거리는 플라톤Platon의 인간의 동굴에서 뛰쳐나올 수 없다. 이성과 같은 가냘픈 끈으로는 시간과 공간에 매여 있는 수준을 넘어설 수 없다. 그러나 스스로의 노력에는 한계가 있는 그곳에서 우리는 도움을 받는다. 우리는 구원받았다.

종교와 철학의 역사가 보여 주듯이, 우리 인간의 탐

구 – 비록 훌륭하고, 심오하고, 지칠 줄 모르지만 – 는 침묵 – 동양 신비주의의 신령한 침묵이든 무신론의 차갑고 황량한 침묵이든 – 을 깨고 나오지 못했고 앞으로도 나오지 못할 것이다. 그러나 우리는 절망 가운데 남겨지지 않았다. 하나님께서 우리의 침묵을 깨고 들어오셨다. 그분이 말씀하셨고 몸소 내려오셨다. 그리고 그분의 기록된 살아 있는 말씀 안에서 우리는 외부로부터 오는 진리 – 우리의 작은 삶과 작은 세상에 빛을 던져 주는 – 를 부여받았다. 이 하나님의 말씀이 인간의 상황에서 우리를 중력의 힘 위로 끌어올릴 지렛대의 힘을 주는, 유일하게 효과적인 아르키메데스 점이다.

> 하나님께서 우리의 침묵을 깨고 들어오셨다. 그분이 말씀하셨고 몸소 내려오셨다.

그러나 오늘날 많은 신자가 너무나 세속적이어서 이는 진부한 이야기가 되어 버렸다. 말씀은 현실적이기에는 너무나 영적이고 신학적으로 보인다. 그러나 이것의 적합성은 바로 전 세계적 파워 정치의 실제 세계에서 정확하게 드러난다. 1989년에 소비에트 공산주의가 무너지기 훨씬 이전에, 선견지명이 있는 사상가들은 공산주의가 필연적으로 스스로의 타락의 무게 때문에 무너질 것이라고 지적하였다. 공산주의 이데올로기는 자기 정화의 원칙이 없다는 것이 그 이유였다. 유명한 사회학자인 데이비드 마틴David Martin은 비록 공산주의가 세상의 세력으로서 기독교 교회보다 더 강력한 것처럼 보이지만, 교회는 자기 정화와 갱신의 씨앗을 가지고 있는 반면에 공산주의는 그렇지 못하다고 이미 여러 해 전에 주장했다.

그와 같은 기독교적 갱신의 씨앗은 죄의 개념, 즉 교회의 '자기 실패의 교리'이다. 우리가 항상 잘못만 저지른다면 타락은 전혀 놀랄 일이 아니며 교정은 자동으로 반드시 요구되는 바울일 것이다. 교정과 갱신의 또 다른 씨앗은 하나님의 말씀에 대한 교회의 믿음이었으며, 그것은 교회가 언제나 '역사를 초월하는 판단'을 가지고 있다는 것을 의미한다. 교회가 이런 문화 저런 이데올로기에, 또한 이런 철학과 저런 유행에 포로로 잡힐 수 있다. 그러나 하나님의 말씀이 선포되고 이를 받아들

> 하나님의 말씀이 선포되고 이를 받아들이면, 교회는 본래의 모습으로 깨어나며 포로에서 풀려날 수 있다.

이면, 교회는 본래의 모습으로 깨어나며 포로에서 풀려날 수 있다.

그러나 사람들은 이 교정의 씨앗을 듣고서, 그렇게 서두를 필요가 없다고 말한다. 이제 우리는 우리의 모든 견해가 문화에 의해 좌우된다면, 거기에는 하나님의 말씀에 대한 견해도 포함되어 있음을 안다. 다른 말로 하면, 아르키메데스 점이 다시 한 번 인간의 상대주의에 의해 삼켜진다는 것이다. 외부적 견해란 없다. 심지어 하나님의 말씀에 대한 교회의 견해가 어떤 잘못된 견해에 사로잡히게 되면, 그러한 교회의 견해는 다시금 시간과 공간의 제약을 받는다. 그러한 왜곡된 견해는 누구도 바로잡지 못할 것이다. 교회는 영원히 포로로 잡히는 운명에 처하며 탈출구는 없다.

위험이 실제적이라는 것은 확실하다. 그러나 이 두려움은 하나님의 말씀에 대한 교회의 잘못된 견해와 말씀 그 자체를 혼동하게 한다. 하나님께서는 언제나 그분에 대한 우리의 오해보다 더 크신 분이다. 우리의 견해가 아무리 왜곡되고 부적절하다고 할지라도, 교회와 세상을 깨우기 위해서는 진정한 하나님의 말씀이 소리를 발하기만 하면 된다. 차이는 분명하다. 정말로 하나님의 말씀이 존재하거나(이때는 말씀이 우리와 그 말씀에 대한 우리의 오해와 분리되어 있다), 아니면 하나님의 말씀이 존재하지 않고 우리는 다시 한 번 침묵의 불확실성 상태에 갇히게 되는 것!

서구의 교회는 오늘날 의심할 바 없이 비참한 모습이다. 그러나 이 상태는 처음 있는 일도 아니고 마지막 모습도 아니다. 영원히 변하지 않는 용수철처럼 교회는 언제나 다시 튀어 오를 것이다. 이 땅이나 교회의 어떤 권세도, 심지어는 바벨론 유수와 혼란도 복음을 억제할 수 없다. G. K. 체스터튼G. K. Chesterton은 이렇게 말했다. "적어도 다섯 번은 기독교 신앙이 개들에게 먹혔던 것처럼 보인다. 그러나 그 다섯 번 모두 죽은 것은 개들이었다."

천장을 뚫다

영원의 중요성에 대한 인식은 단지 시작일 뿐이다. 우리 각자는 그것을 실제적인 방식으로 복권시킴으로써 자신의 삶에서 회복시켜야 한다.

한 세대 전에 내가 믿음을 갖게 되었을 때는, 매일 개인적인 예배를 드리는 것이 기본이었다. 매일의 삶을 예배, 성경 읽기, 그리고 기도를 드리는 시간으로 시작하도록 배웠다. 이사야의 메시아적 종의 전례를 따라서, 우리는 정기적으로 '아침 경계'를 서야 했다. 오직 말씀을 듣는 자만이 말할 수 있기 때문에, 말하려는 자는 먼저 들어야 한다. "주 여호와께서 … 아침마다 깨우치시되 나의 귀를 깨우치사 학자들 같이 알아듣게 하시도다"(사 50:4).

그러나 오늘날 내가 속한 사회에서는 이러한 습관이 약해졌고 가끔씩만 하는 예식처럼 되어 버렸다. 그 결과 하나님의 백성은 하루를 시작할 때 영원의 관점을 강력하게 주입받을 수 있는 특별한 기회를 상실하게 되었다.

내가 신앙을 처음 가졌을 당시에는 정기적인 공예배가 필수라고 인식되던 때였다. 설교가 하나님의 백성을 위한 직접적이고, 유용하며, 현실적인 말씀을 전해 주는 것이라는 사실이 목회자의 사역에 나타났었고, 이는 성도들의 기대이기도 했다. 하지만 현대 서구의 많은 지역에서 더 이상 이를 기대하지도 않고 그렇게 사역하지도 않는다. 많은 사람이 교회에 가는 것을 단순히 선택의 한 부분이라고 생각한다. 점점 더 많은 사람이 정기적으로 하나님의 권위 있는 말씀 아래에 앉아 있는 경험을 하지 않는다. 또한 서구 세계의 많은 지역에서 설교는 매우 큰 어려움에 처해 있다. 나는 초대형 교회에 출석한 적이 있었는데, 그 교회의 예배당에는 십자가가 없었으며, 강단에는 성경도 없었고, 설교는 성경과 하나님에 대한 이야기가 아니라 바나(조사 전문 기관)와 갤럽(여론 조사 기관)이 조사한 결과를 더 많이 언급하였다.

내가 설교를 들어 본 사람 중에서 가장 위대한 설교자는 런던 웨스트민스터 채플의 목사였던 마틴 로이드 존스Martyn Lloyd-Jones와 런던 올 소울즈 랭함 플레이스의 목사인 존 스토트이다. 그들은 설교할 때 "이것은 주님의 말씀입니다"라는 서언으로 시작하지 않는다. 그렇게 할 필요가 없다. 하나님 앞에서 준비하였고, 하나님의 임재로부터 곧장 나왔으며, 하나님께로부터 받은 것처럼 설교하고, 하나님의 임재 가운데서 전하기 때문에, 그들의 권위에는 전혀 문제가 없다. 그 영향력도 엄청나다. 어떤 선지자도 이보다 더 깊이 청중을 흔들어 놓고 도전을 줄 수 없었을 것이다.

공예배 때는 마치 천장이 뚫려서 초월적인 것이 침입해 들어오는 듯한 느낌을 받은 적이 많다. 그러나 이 시대에 예배를 인도하는 자들은, 말끔하게 관리된 무대, 무용, 춤, 드라마, 그리고 파워포인트를 활용하는 예배에서 더 이상 이러한 초자연적인 것이 임재해 들어오는 것을 기대하지도 않고, 이를 놓고 기도하지도 않는다.

어떤 때는 찬양하는 중에 들어오고, 어떤 때는 설교 중에, 또 어떤 때는 성찬식 때 들어온다. 그것은 전혀 계획된 일이 아니다. 그러나 이 초자연적인 그 무엇은 심원하고, 실재적이고, 꿰뚫는 것이며, 그것이 던지는 빛은 지난주와 다음 주가 전혀 다르게 비춘다. 당신의 예배에서 마지막으로 천장이 뚫렸던 때를 기억하는가? 설교가 끝난 후에 그대로 앉아서 하나님께서 방금 당신에게 하신 말씀을 깊이 생각해 보고 싶어 했던 때가 마지막으로 언제였는가?

나는 예배 중에 순간의 전광석화 같은 빛이 내 마음과 정신을 흔들어서 평소의 세속적인 시각으로는 절대로 볼 수 없었던 것을 보게 했던 적이 많았다. 얼마나 많은 좋은 생각이 예배 가운데 떠올랐는지 모른다. 하나님의 임재로부터 흘러나온 한 방울의 초자연적인 것보다 우리의 정신을 더욱 높이 고양시키는 것은 없다.

말할 필요도 없이, 영원에 대한 관심은 오늘날 영적 훈련을 연습하도록 요구한다. 영적인 습관을 배양하고 원래의 본성으로는 할 수 없는 것을 제2의 본성으로 하는 법을 배우기 위함이다. 그리고 무엇보다도 우리는 하나님의 임재를 연습하고 하나님을 아는 것의 실재를 추구해야 한다.

> 우리는 하나님의 임재를 연습하고 하나님을 아는 것의 실재를 추구해야 한다.

현대 세속적인 삶의 무게와 소유, 그리고 그 속도는 우리가 저혀 저항할 수 없을 정도로 압도적이다. 하나님에 대한 모든 것(알고도 죽지 않을 정도)을 알기를 열망하는 자들만이 영원한 관점을 견지할 수 있으며, 그래서 무엇이 진실로 적합한지 결정할 수 있다. 시몬 베유가 옳았다. 적합성을 유지하기 위해서는 영원성이 요구된다. 시간을 초월한 초자연적인 것을 계속해서 접촉하는 것만이 우리를 진정으로 시대에 적합하게 만들어 줄 것이다.

 Prophetic Untimeliness

| 결론 |

"낫으로 시간을 베는 아버지", 셰익스피어의 "잔인한 폭군", 존 돈John Donne의 "울리는 종", 보들레르Charles Baudelaire의 "냉정한 신." 수 세기에 걸쳐 형성된 시간의 여러 이미지는 시간이 아이 분가사이이 함께 우리 인간이 직면한 가장 심오한 두 가지 문제 중 하나임을 강하게 상기시켜 준다. 이 두 가지 문제는 모두 어떻게 해도 풀리지 않는 요소들을 가지고 있다. 그것들은 궁극적으로 인간의 정신이 해결하기에는 너무 크며, 재능으로 앞지르기에는 너무나 거대하다. 시간의 측면에서 보면 모든 인간의 생명에는 끝이 있다. 어떤 인간의 성공도 영원히 지속되지 않는다. "이것 또한 지나가리라"라는 문

구가 이 땅에서 하는 우리의 모든 시도에 새겨져 있다.

인간의 프로젝트 전체는 불완전하다는 의식에서부터 시작되고, 우리의 작은 인생 역시 불완전함으로 끝을 맺는다. 언제나 더 할 일이 남아 있다. 처리했어야만 하는 일들이 늘 남아 있다. 그리고 결국 그대로 끝이 난다. 인간의 경이로운 업적과 상상력은 높은 경지에 이르렀지만 우리가 도달할 수 있는 곳에는 한계가 있다. 한계점인 그곳에 도달하게 될 때 우리는 종말을 맞으며, 우리에게 시간의 종말은 곧 죽음이다.

그 길은 결코 아니다

현대 시간에 대한 이러한 간단한 분석은 인간이 시간과 싸워 온 오랜 역사 중 작은 각주에 지나지 않는다. 그러나 어떤 것을 더 넓은 배경에서 살펴보는 것은 우리에게 신선한 자극을 준다. 우리가 지난 수백 년 동안에도 시간을 정복하는 해결책을 찾지 못했다면, 오늘날 현대 세계가 더욱 악화시킨 그 문제에 대한 해결책을 찾기는 불가능할 것이다.

한 가지는 분명하다. 거짓되고 부적절한 해결책들이 그 어느 때보다 더 선명하게 나타난다는 점이다. 예를 들어, 어떤 사람들은 과거를 동경하는 방법으로 시간을 사로잡으려고 한다. 그래서 지나간 시간과 그 세계를 미치도록 그리워하면서 모든 것의 초점을 과거에 둔다. 그러나 과거를 동경하는 일은 그 시절과 현재의 거리감과 세월의 엄청난 속도를 느끼게 해 줄 뿐이다. 더 행복했던 시절의 기억을 되살리려는 시도들은 얼마간 이해할 만하고 또 우리에게 특별히 해를 끼치지는 않는다. 그러나 그러한 시도들은 궁극적으로 우리를 집으로 데려다 주지 못한다. 또한 그것들은 단 1초도 시간을 늦추지 못한다.

어떤 이들이 의지하는 두 번째 반응은 영원한 순환 또는 영원한 귀환이라는 개념이다. 쏜살같이 지나가는 현재는 그 일시성으로 인해 무의미하다고 느껴지기도 한다. 그러나 그것이 계속 반복되면, 그것은 영원히 잃어버린 것이 아니며, 우리가 지금 볼 수 있는 것 너머의 의미를 찾게 될지도 모른다고 생각한다. 그렇지만 영원한 순환은 무의미의 문제를 한곳에서 다른 곳으로 이전하는 것에 불과하다. 니체가 『권력의 의지』*The Will to Power*에서 다음과 같이 주장할 때 바로 이러한 관점을 드러낸 것이다. "모든 것은 그렇게 빨리 지나가기에는 너무나 큰 가치가 있다. 나는 모든 것에 대한 영원성을 찾고 있다. … 나는 과거에 존재했던 모든 것이 영원하다는 데서 위안을 받는다. 바다가 그것들을 다시 돌아오게 해 준다."

그러나 이 관점의 진정한 속뜻은 "하나님은 죽었다"고 선언하는 완전히 세속적인 시대의 세속주의자들이 '해 아래서' 아무것도 의미가 없다고 외치는 것이다. 이 견해는 전도서의 결론을 뒷받침하며, 우리를 서구의 세속주의로부터 동양의 범신론이나 일원론으로 전환시킨다. 그러나 체념과 숙명론 속에서 사물의 끊임없는 순환은 현재의 상황을 더 좋게 해 주거나 더 의미 있게 만들어 주지는 못한다.

세 번째 시도되는 해결책은 시간 정복에 대해서 오늘날 가장 선호하는 해답인데, 더 나은 시간 관리와 향상된 효율성이다. 발전된 도구들, 더 나은 계획표, 그리고 더욱 효과적인 시간 관리가 시간을 더 잘 사용하게 해 주며, 그 결과 생산성도 더 높여 주는 것은 분명하다. 그러나 그것은 단지 삶의 속도를 더 빠르게 해서 더 큰 압박을 줄 뿐이다.

우리가 왜 처음에 시간/동작 전문가를 찾아갔었는지 잊었는가? 생쥐의 경주 속도가 빨라졌지만, 그것은 여전히 생쥐들의 경주일 뿐이다. 우리는 더 빨리 더 빨리 기어오르고 있고, 우리의 다중 작업은 이제 스무 개의 무기로 무장한 인디언의 숙련도와 맞먹는다. 그러나 우리가 여기서 하는 일이란 실상은 모든 것은 삼켜 버리는 시간의 늪지대로 자신을 점점 더 깊이 빠져 들어가게 하는 것이다.

> 생쥐의 경주 속도가 빨라졌지만, 그것은 여전히 생쥐들의 경주일 뿐이다.

시간의 구속

그러나 거짓 해결책이 끝은 아니다. 시내 산과 갈릴리에서 우리에게 스스로를 계시하신, 시간과 역사를 주관하시는 주님을 예배하는 자들은 세 가지 긍정적인 결론을 이끌어 낼 수 있다.

첫째, 성경의 확실성과 역사의 증거를 토대로 볼 때, 시간과 미래에 사로잡힌 세상에서 고결함을 지키는 비결은 반시대적인 사람이 되는 것이라고 말할 수 있다. 계몽운동 이후 200년 동안 진보에 대한 맹목적인 신앙이 치른 대가가 엄청나다는 사실은 부인할 수 없다. 과거를 고발하고 미래를 찬양하는 단순한 경향은 어리석은 것이다. C. S. 루이스가 『스크루테이프의 편지』*The Screwtape letters*, 홍성사에서 지적한 것처럼, 대부분의 악은 미래와 관련이 있으며 – 질투와 탐욕 등 – 반면에 감사의 덕은 과거와, 신뢰의 덕은 현재와 관련되어 있다.

오직 미래에만 모든 초점을 맞춘 대화의 원형은 링컨 스테펀스Lincoln Steffens가 소련에서 귀환한 후에 한 언급이었다. "나는 미래를 보았고 그것은 효과가 있었다." 이 말은 그의 비전이 비참한 것으로 판명 났듯이 어리석은 말이라고 증명되었다. 교회에 대해 동일한 약속을 떠벌리고 다니는 많은 사람 역시 실망하게 될 것이다.

그보다는 존 루카치의 지혜가 훨씬 더 낫다. "나는 미래를 보았고 그것은 과거였다." 혹은 같은 맥락의 옛 프랑스 격언도 훌륭하다. "현재 가장 생생한 것은 과거이다." 왜냐하면 우리가 미래에 대해서 알고 있는 것 중 99퍼센트는 과거이기 때문이다. 그리고 "교회를 50년 전으로 되돌린다"라고 비난을 받았을 때 2,000년 전으로 되돌리지 못한 것이 미안하다고 대답한 빌리 그레이엄의 영민함이 훨씬 더 낫다.

그리스도의 교회 입장에서 시계를 되돌린다는 것은 개혁과 부흥을 의미한다. 교회가 앞으로 나아가기 위해서는 언제나 먼저 뒤로 돌아가야 한다.

> 교회가 앞으로 나아가기 위해서는 언제나 먼저 뒤로 돌아가야 한다.

두 번째, 변화와 진보에 사로잡힌 세계에서 진보주의자들은 언제나 정체되어 있는 반면에 저항적인 사상가들은 오히려 신선하고 창조적이다. 끊임없이 움직이기 위해 애쓰는, 변화에 열광하는 사람들은 격앙된 움직임과 하찮은 것에만 집착하느라 결국에는 에너지를 다 써 버리고 소진될 것이다. 반면에 저항적인 사상가들은 일을 건설적으로 진전시킨다.

5세기에 이단 비판자들에 대항해서 『하나님의 도성』*The City of God*, 크리스챤다이제스트이라는 거대한 책을 써서 교회를 변호한 성 아우구스티누스는 '반동적'이었는가? 의심할 여지도 없이 그렇다. 그러나 그는 자기 시대를 앞서고 있었다. 예를 들어, 통치 구조와 시간에 대한 그의 견해는 아직도 이해를 더 해야 할 정도로 심오하며, 다른 것으로 대치되지 않고 있다. 17세기에 세련된 회의론자들에 대한 파스칼의 대응은 '구시대적'이었는가? 그러나 그의 미완성의 『팡세』*Pensées*, 민음사는 처음 기록되었을 때처럼 지금도 여전히 신선하며, 그와 동시대에 출간된 대부분의 저술은 골동품 수집가만 관심을 두는 정도이다.

지혜가 나이와 함께 성장하는 타당한 이유가 있다. 젊음에 과도하게 집착하는 문화에서 이 부분은 주목할 가치가 있다. 나이가 들면서 우리는 반응이 점점 느려지고 기억력도 떨어지기 때문에, 미래가 제공할 지식을 더 이상 받아들일 수 없게 된다. 그러나 지혜의 상당 부분은 과거로부터 축적된 경험에서 오며, 그 중요한 지혜는 나이가 듦에 따라 증가한다. 다른 말로 하면, 기억력이 쇠퇴할 때에도 이해력과 지혜는 풍성해진다. 지혜는 양의 문제가 아니라 우리가 아는 것의 질적인 문제이다.

세 번째, 시간이라는 폭군이 지배하는 세계에서 시간을 구속할 수 있는 유일하고도 최종적인 방법은 만물의 구속자에게 전적으로 의존하는 것이다. 기계적 시간의 빛나는 성공 이야기 뒤에는 역설이 숨겨져 있다. 우리가 자연으로부터 탈출하고자 고안한 시계가 이제는 우리를 기계의 노예로 만들어 버렸다. 그러므로 더욱 기계화된 해결책을 사용하여 시간의 폭군으로부터 자유로워지려는 노력은 우리의 능력에 과도한 부담을 지우는 것이며, 스스로를 더욱 사정없이 두들기고 전보다 더욱 압박하는 것이다

철학자들이 옳다. 깊이 생각해 보면 시간은 돈이 아니다. 여기서 더러운 비밀 하나를 밝히자면, 돈이 시간이라는 것이다. 우리는 돈을 벌기 위해 시간을 다 써 버린다. 돈을 쓰는 데 시간을 쓴다. 그리고 돈을 축적하는 데 시간을 쓴다. 시간이 인생에서 최종적인 현금이며, 이 세상의 어떠한 돈도 우리에게 추가적인 초, 분, 또는 날들을 제공해 줄 수 없다. 이 광적인 인생을 생각해 보

노라면, 이 세상은 우리에게 너무 넘치도록 과도하다고 말할 수밖에 없다. 하지만 시간의 횡포를 생각해 보면, 세상은 아직 불충분하다.

소설가 커트 보네거트Kurt Vonnegut는 이렇게 기록했다. "하늘에서 당신은 원하는 나이가 될 수 있다." 그러나 이 땅에서는 그렇지 않다. 시간은 명예, 상, 그리고 은행 구좌 따위에 영향을 받지 않는다. 화장품과 성형수술, 운동에 의해 눈속임 당하지 않는다. 낮이 파죽지세로 점점 더 가까이 오고 있다. 모래시계의 모래가 시간이 지나면서 점점 적어지고 있다. 어느 날 우리 각자에게 종이 울릴 것이다. 그때가 바로 시간과 인생에 대한 우리의 견해가 중요하게 될 때인데, 그날에는 그것의 옳음과 그름이 큰 차이를 만들 것이기 때문이다. 과거를 동경해 온 나날이나 시간/동작의 전문가는 그날 얼마의 값어치로 매겨질 수 있겠는가?

그렇다면 우리는 어떻게 시간을 구속하고, 시간으로부터 어떻게 구속을 받아야 하는가? 우리는 은사와 소명에 따라 살며 이 세대 안에 있는 하나님의 목적을 섬기는 것으로 시간을 구속할 수 있다. 이렇게 사는 사람들은 시간을 최대한으로 활용하는 것이다. 또한 그들은 하나님 앞에서 사는 것으로 말미암아 결국 모든 시간 앞에서 사는 것이다.

또 다른 한편으로는 시간의 구속자이신 주님께 우리 시간의 종말을 맡김으로 시간을 구속할 수 있다. 궁극적으로 우리는 오직 모든 것의 구속자이신 분 – 언제나 현재이시며, 시간과 역사의 주인이신 하나님, 그러나 '어제나 오늘이나 영원토록 동일하신 분' – 을 통해서만 시간을 구속하고 시간으로 구속받는다.

성 아우구스티누스의 표현에 의하면, 하나님께서는 시간 속에서 "한 번씩 *semel*, 동시에 *simul*, 그리고 언제나 *semper*"와 같은 방식으로 우리와 관계를 맺으신다. 그분은 우리의 시간 앞에 계시고, 시간 밖에 계시며, 시간의 끝에 계신다. 아우구스티누스의 유명한 기도는 삶의 다른 부분과 마찬가지로 시간에도 적용된다. "당신은 당신을 위해 우리를 만드셨습니다. 그래서 우리의 마음은 당신 안에서 안식을 찾기 전까지는 안식하지 못합니다."

그러므로 귀환의 날이 도래하기 전까지 우리는 시간

의 주인이신 주님이 시간의 마지막 때에 우리를 구속하실 것임을 계속해서 신뢰하면 된다. 우리가 소명대로 살아갈 때 불완전하지만 적극적으로 시간을 구속할 수 있다. 반시대적인 사람들이 할 수 있는 가장 시대적인 방식으로 말이다.

> 만세 전부터 우리의 도움 되시고 미래의 소망 되신 주
> 폭풍 속에서 우리의 피난처이며 우리의 영원한 집이로다.
> 당신의 보좌의 그늘 아래서 당신의 성도들이 안전하게 거하리로다.
> 당신의 팔 하나만으로 충분하며 우리의 요새는 안전하리로다.
>
> 언덕이 생기기 전부터 땅이 그 형체를 드러내기 전부터
> 영원 전부터 하나님은 존재하셨고 세월이 흘러도 동일하도다.
> 당신 앞에서는 천년이 하룻저녁과 같고
> 떠오르는 해 앞에서 끝나 버리는 밤처럼 짧도다.
> 흐르는 강물처럼 시간은 우리의 세월을 떠나보내도다.

날이 밝으면 사라지는 꿈과 같이 그것들도 날아가 잊혀지도다.

만세 전부터 우리의 도움 되시고 미래의 소망 되신 주
우리의 삶이 끝나 영원한 집에 이르도록 우리의 인도자 되소서.

— 아이작 와츠Isaac Watts

| 더 읽을거리 |

Daniel J. Boorstin, *The Discoverers: A History of Man's Search to Know his World and Himself* (New York: Random House, 1985).

Eva Brann, *What, Then, Is Time?* (Lanham: Rowman & Littlefield, 1999).

John Lukacs, *Historical Consciousness: The Remembered Past* (New York: Schocken Books, 1985).

Dietrich Bonhoeffer, *The Cost of Discipleship* (London: SCM Press, 1948)(『나를 따르라』, 대한기독교서회).

Dallas Willard, *The Divine Conspiracy: Rediscovering our Hidden Life in God* (San Francisco: HarperSanFrancisco, 1998)(『하나님의 모략』, 복 있는 사람).

Louise Cowan, Os Guinness (eds.), *Invitation to the Classics* (Grand Rapids: Baker Book House, 1998).

MEMO

Memo

memo

MEMO